少年奇譚

Mariko Kawana
川奈まり子

晶文社

装丁
岩瀬聡

イラスト
とびはち

はじめに

少年とは、なんだろう。

年が少ないという字義のとおりに解釈するなら、少年は少女を内包するジェンダーを超えた存在ということになる。

少年には実際、中性的なところがある。生物学的にも、人は皆、赤ん坊の原型である胚の時点では性が未分化で、男でも女でもない。男性は、受精後八週目頃からY染色体の働きによって男性に成ってゆくのである。その後も外性器以外には大きな外見上の差異がない状態が長く続くが故、この変身には、当然、少女とは別の種類の葛藤があるだろう。

実話奇譚を蒐集《しゅうしゅう》しているうちに、私は、少年時代に怪異に遭遇する男性が多いことに気がつかざるを得なかった。

性別問わず、子ども時代に体験した不思議な出来事を語る人は少なくない。しかしそれにしても、男性については、成人後の体験談を提供してくださる方が少なく、未成年のときに遭ったエピソードを披露されることが多いのだ。

未だ男女合わせての総数で五〇〇人程度しかインタビューしていないので、サンプルとしては心許ないかもしれないが、私の実感としては、一〇〇人の男性にインタビューすれば、少なくとも八〇人までが物心ついた頃から一八歳前後までのエピソードを話すのである。対して女性は、というと、子ども時代の怪異のみ語る人は一〇〇人中三〇人程度だろうか。社会的な規範が大人の男性を幻想的な世界から遠ざけるのかもしれない。旧弊な社会との軋轢が、男性に於《お》いては、不可思議を拒絶させる結果に至るのでは……。

しかし、それればかりではないような気がする。

思うに、心身に中性的な特質を備えている少年たちは、純粋な「童《わらわ》」なのではないか。日本中世史を専門とする歴史学者、黒田日出男の著作『境界の中世　象徴の中世』（東京大学出版会）によれば、中世の日本では一五歳以上六〇歳以下の男性だけが一人前、つまり大人であるとされ、六一歳以上の「翁」、一五歳未満の「童」、それから「女」は、寄合などの社会活動に参画する義務と責任を問われなかった。その一方で、この三者は中世社会では、神仏に近い存在として、絵巻物や説話集、歴史的な縁起に描かれた。

彼らが置かれた社会秩序の周縁はそのまま民俗学的な境界として彼らに作用して、翁・童・女は、ある意味、此の世の者たちではなく、神や仏に近かったというのだ。

神仏に近ければ死もまた近い――幽明境を異としない少年たちが出遭った奇妙な事どもを、奇譚蒐集家から巫女に転じるつもりで綴りたいと考える。

ちなみに、インタビューに応えてくださった体験者たちの現在の年齢は一〇代から七〇代までと幅広い。が、私に語ったときは、皆さん、少年の永遠宇宙を遊泳されていたと思う。

少年奇譚

目次

はじめに 005

妖し怪し異し 015

宝ヶ池のハク 016
父のコート 024
黒いシスター 032
窓女 036
落ち武者 041
隙間のノッペラボウ 047
ドッペルゲンガー 051
ケサランパサラン 057

学校 061
五月の包帯 062
寄宿学校の怪 065
上海トンネルのジョシュア 069
幽霊 085
峠道 086
心霊ビデオ 094
霊感封じ 099

兄貴の心霊写真 108
女 118
僕の左に 126
合図 146

冒険奇譚

151
古井戸 152
霊園から疾く来る 159
廃駅の足音 175
悲鳴の灯台 178
割れない窓 181
玄の島 192

家と所縁

201

ピアノ —— 202
猫と蟲の話 —— 209
刀奇譚 —— 215
まあちゃん、行こっか —— 219
祖母をすくう —— 私の夫の体験談 —— 229

―妖し怪し異し―

妖であり怪である、人とは異なる存在を「あやしい」と畏《おそ》れながら、あの者たちに魅了されてしまうのはなぜだろう。

幼い日の息子が聞かせてくれるあやしい者たちの話を、どれほど私は楽しみにしていたことか。黄昏時、公園から帰る道すがら、不思議な存在に出遭った物語を聞きながら、妖や怪が棲《す》む世界への憧れと郷愁を覚えずにはいられなかった。

私がそこへ還るのは、此の世に永の別れを告げるときだとしても……。

人の魂は異界から此の世に来て、次第に遠ざかり、最期を迎えて再び還る。子どもは此の世のものでありつつも、異界に近いところにいる。まだ充分に遠ざかってはいないのだ。あやしい者どもが彼らの前に姿を現すときの気軽さときたら……。理不尽なことに、それは、ふいに出没する。逃げられないよ。

宝ヶ池のハク

七〇年代の初めの頃に、京都の左京区に住んでいた角田徹さんの話。

マルセル・プルーストの『失われた時を求めて』では、紅茶に浸したプチット・マドレーヌの味と香りが幼少時代の記憶を鮮明に蘇らせた。

徹さんの場合は、スタジオジブリのアニメーション映画『千と千尋の神隠し』がプチット・マドレーヌの役割を果たした。

当時、徹さんは三〇代で、会社員として多忙な日々を送っており、それなりに疲れた大人になっていて、同作品も、つつがなく世間を渡るには流行に後れないほうがいいという計算から観ることにしたのだった。

しかし、『千と千尋の神隠し』に《ハク》が登場した瞬間、封印していた想い出が息を吹き返した。その鮮やかさたるや、鑑賞中の『千と千尋の神隠し』の筋が追えなくなるほどで、風景や匂い、手ざわりまでもが脳内で再生されはじめ、止まらなくなってしまったのだ。

父の転勤に伴い九州から京都に引っ越してきた徹さんには、地元に友だちがいなかった。京都と九州では言葉が違うせいか、土地の住民の子たちから仲間外れにされたのである。そこで自然と、物心ついた頃から徹さんは両親とばかり遊ぶことになった。幼稚園が終わると、母と一緒に社宅の最寄り駅、叡《えい》山《ざん》電鉄・修学院駅から電車に乗って、一駅先の宝《たから》ヶ《が》池《いけ》駅で降り、宝ヶ池公園に行くのが常だった。さらに日曜日にも、父が漕ぐ自転車の後ろにちょこんと跨り、家族三人で宝ヶ池公園を訪れる——毎日のように通っていたのは幼い息子を思いやる親心あってのことだろうが、実際にそれだけ魅力的な場所だったからだ。

宝ヶ池公園には、三、四歳の幼児でも遊べる遊具がたくさん設けられていた。それにまた子どもの情操に良い影響を与えることが期待できる、風光明媚な景色に溢れていた。

周囲を山に囲まれ、野鳥が棲む森があり、春は梅や桜が咲き匂う。元は農業用の溜め池だったとは思えないほど池は水が豊かで美しい。池を巡る遊歩道は、大人の足でも一周するのに三〇分程度はかかる。幼い徹さんの目には、途轍《とてつ》もなく広く、まだ見ぬ海であるかのように映った。鴛鴦《おしどり》が群れなす池をスワンボートで周遊したり、両親と岸でピクニックしたりしている最中は、ひとりぼっちの寂しさを忘れた。

水辺の匂いがするこの公園が、徹さんの世界で重要な一角を占めていたことは確かだ。

四歳の春のことだった。彼はそこで《ハク》と逢った——無論のことアニメ映画の同名キャラクターではなく、それとよく似た格好をした男の子と遭遇したのだ。

どちらから話しかけたのか、わからない。両親から離れて、滑り台がいっぱいついた山形の遊具で独りで遊んでいたときに、なんとなく親しくなった。

相手は名前を名乗らなかった。アニメの《ハク》は一二歳という設定だが、その男の子は自分よりひとつ二つ上ぐらいに感じられた。不思議な子だった。なんといっても服装が変わっていた。

艶のある黒髪をおかっぱ頭に切り揃えて、紐があちこちについた袖が大きな白っぽいブラウスのようなものをズボンの上に出してゆったりと着ていたのだ。ズボンは布の量が多くてふんわりとしており、膝の辺りで裾がキュッとすぼまっていた。

足は裸足《はだし》か、たぶん草履《ぞうり》のようなものを履いていたと徹さんは記憶している。

——四歳の彼の無邪気な視線から離れてしまうが、解説するなら、その出で立ちは恐らく奈良平安時代の《童水干《わらわすいかん》》だ。

おかっぱ頭は禿《かむろ》、ブラウスに似た上衣は水干、膝丈のズボンは小袴《こばかま》、履物は下駄の前身である足駄《あしだ》か草鞋《わらじ》。水干を小袴の上に出した着方は覆水干《おおいすいかん》という。

水干は庶民の日常着を発祥としている。徹さんが遭った子が纏《まと》っていたそれは、染色していない麻布で作られていた可能性がある。水干とは、本来は、水に晒すなどして使いやすく加工した麻布の呼称で、庶民の衣服として始まった頃は、裏地をつけずにあっさりと仕立てたのだそうだ。涼しくて着心地がよかったはずだ。紐がついているのも本来は袖口を絞ってたくしあげるなどするための、実用的な目的があった。

《ハク》が着ている衣裳も、アニメ的なデフォルメがされているものの、『千と千尋の神隠し』の監督、宮崎駿は、その絵コンテに「水干を着た少年」という記述を残しているので、水干だと考えて差し支えないだろう。

さて、徹さんは、宝ヶ池公園に来るたびに、不思議な男の子（以降は仮にハクとする）と遊ぶようになった。

後年、もう少し成長した彼が両親から聞かされたことによれば、ハクと遊びはじめてからの徹さんは頻繁に姿が見えなくなったのだという。

四、五歳の子が遊んでいて、親からはぐれ、おとうさんおかあさんが名前を呼んでも出てこなければ、親にとっては迷子である。大人二人がかりで探しても見つからないとなれば、公園中に聞こえるように放送で名前を呼んでもらうしかない。

徹さんは、何回も迷子の呼び出しアナウンスをされたそうだが、本人はよく憶えていないとのこと。

彼によれば、自分が姿をくらましてしまったときというのは、たとえばコンクリート製の迷路で両親と鬼ごっこをしていて、鬼になった父から逃げるうちに母とは違う通路に迷い込み、角を曲がったらハクがいたので大喜びでついていった……こんな場合だ。

自分の姿が迷路から消えたとは、そのときは思いもよらないことだった。

しばらく遊んでいるうちに、日が落ちてきて、黄昏時の気配が近づく。そこで初めて両親のことを思い出し、

「パパとママが待ってるから、行くね」

と、告げてハクと別れる。

途端に、両親が魔法のように目の前に現れて、「どこに行ってたの！」と詰問されるのだ。

両親は、出口と入口が限られ、さほど複雑でもない迷路から小さな息子が消えてしまったので驚愕していたのである。

徹さんの意識の中では、魔法のように出現したのは両親がいる宝ヶ池公園なのだが、現実にはマジカルな消え方をしていたのは四歳児の彼の方だったというわけだ。

ハクが引き起こす神隠しは、どんなに長くても二時間を超えることはなかったので、やがて徹さんの両親は、放っておいてもそのうち息子がひょっこりと出てくるだろうと思うようになったということだ。

徹さんとハクの幼い蜜月は〝迷子〟を叱られなくなったことで深まったはずだ。ただ、もしかすると、それは危険なことだったかもしれない。

私は思うのだが、急に失踪する子どものうちいくらかは、大人には見えない友だちと親しみすぎた挙句、ついに幽境を越えて向こう側の世界に行くのではないか……。

でも、徹さんはそういうことにはならなかった。

なぜか。それは彼が、上賀茂神社の井戸にゴミを投げ込んだせいだった。


ハクと逢ったのは春だった。季節が一巡して再び桜の花盛りとなった頃、徹さんは母に連れられて、上賀茂神社（正式名称：賀茂別雷《かもわけいかづち》神社）を訪れた。

その頃はまだミネラルウォーターが市販されておらず、水道水の安全性も今ほど信頼されていなかった。そのため徹さんの母は、家族の飲み水を得るために、名水《神山湧水《こうやまゆうすい》》を有する上賀茂神社に通っていた。上賀茂神社が守り続けてきた《神山湧水》は今日でも美味しい水として名高いが、かつては近隣の住民に、より切実に頼りにされていたのである。

そこにゴミを投げ入れるとは不届きにも程がある。

徹さんによると、それは「ポケットに入っていた小石か葉っぱか何かではないか」ということだけれど、本人が「要らない」と認識していたのだから、ゴミであることには違いない。

この翌日、宝ヶ池公園に行くと、ハクがやってきて別れを宣告されてしまったのだという。

「もう会えへんで」

その理由は、ご神体の湧き水に悪さをしたから。

上賀茂神社のご神体は同社の北に位置する神山だ。神山湧水は、この山から滾々《こんこん》と湧き出る、いわば神の水。それを穢《けが》す真似をするとは……と、不敬を咎《とが》められて、徹さんはハクから見捨てられたのだ。

ハクとお別れした直後に、徹さんは高熱を発した。

すぐに病院に連れていかれ、自家中毒と診断されたが、頓服薬を飲んでも熱がまったく下がらず、一時は命も危ないほどの重態に陥ったそうだ。

神のご意志で追放されたわけでもあるまいが、これと同時に彼の父は、至急、熊本支社に赴任せよとの辞令を受けた。徹さんの両親は二人とも熊本県出身、徹さんも熊本生まれなので、はからずも家族全員で帰郷することにもなった。

そして、一家は夜汽車で京都を後にしたのである。

「僕は五歳になっていました。自家中毒の症状がまだ治まっていなくて、熱のせいで体が怠く、頭がぼうっとして、せっかくの夜汽車の旅でしたが、車内の記憶といえば、三段ベッドのいちばん上の段で寝ていたことぐらい。でも、朝、当時は国鉄だった熊本駅に到着したら、たちまち気分が良くなって、すっかり元気になったんです。京都の病院に紹介状を書いてもらっていたから、すぐに熊本市内の病院に連れていかれましたが、すでに完治していると診断されました」

夜汽車の名にふさわしく、朝の到着を目指して夜っぴて鉄路を走る寝台列車も、今はずいぶん珍しいものになってしまった。京都・熊本間を走っていた《なは》が運行をやめたのは二〇〇八年三月のことだ。

徹さんたちは熊本市内の社宅に引っ越した。そこではすぐに友だちが出来て、遊び仲間に不自由しなくなった。そして彼はハクを忘れたのである。

アニメ映画の登場人物《ハク》と、徹さんの想い出に残る男の子には、外見以外にも共通点があるかもしれない。

《ハク》は川の神の化身なのだ。一方、徹さんは上賀茂神社の《神山湧水》に不遜《ふそん》なことをしでかしたせいで罰が当たったようである。溜め池である宝ヶ池と神山は一見、関係がないように思えるが、宝ヶ池に水をもたらしている岩倉川は高野川の支流であり、高野川は上賀茂神社境内に支流を有する賀茂川と下流で合流し……と、水脈で繋がっているのである。

と、いうことは、あの子も水神の眷族《けんぞく》か、あるいは神山の水神そのものだったのでは……。

徹さんは「考えてみれば、あの子が初めての友だちでした」と、おっしゃる。

それはなんとも贅沢なことだ。最初の友だちが神さまだったかもしれないなんて。

父のコート

陰陽道で忌み嫌われる方角は、北東の艮《うしとら》と南西の坤《ひつじさる》で、前者を表鬼門《おもてきもん》、後者を裏鬼門《うらきもん》と呼ぶ。艮は丑《うし》（北北東）と寅《とら》（東北東）の、坤は未《ひつじ》（南南西）と申《さる》（西南西）の中間だが、この二点を結ぶ線は、陰陽道の考え方に従うなら、鬼の通り道なのである。

日本では昔から、家の中心から見て表鬼門あるいは裏鬼門の方角には玄関や水回りのものを置かない方が良いとされてきた。迷信には違いないが、今でも気にする人は多い。


大阪の川島文夫さんが四五歳になるまで住んでいた家は、昭和六〇年代に建てられた文化住宅だった。

関東で文化住宅といえば大正後期から昭和初期にかけて建てられた和洋折衷の一戸建て住宅だが、近畿地方では昭和の高度経済成長期に造られた木造二階建ての集合住宅を文化住宅と呼ぶ。

一般的に現在ではアパートに分類される種類の建物ではあるが、西の文化住宅には、屋根が瓦葺《かわらぶ》きだったり、ほとんどの部屋が和室だったりと、時代を感じさせる特徴がある。

文夫さんが、両親と二つ下の弟と暮らしていたのは、そうした昭和の典型的な関西風文化住宅の一室だったわけである。

その家の表鬼門にあたるところに浄土宗の寺があり、文夫さんが物心ついた頃には草ぼうぼうの破《や》れ寺になっていた。

しかも集合住宅の出入口は、狭い路地を一本挟んで、寺の墓地に面していたから、「表鬼門から鬼が来る」という年寄りの迷信めいた言葉が非常な信憑性を帯びて感じられた。

鬼は幽鬼、つまりは幽霊で死んだ人なので、艮の方、荒れ果てた寺の墓場から家に向かって飛んできてしまう道理である。

事実、彼の家は、やたらと家鳴りがした。

妖怪画で知られる江戸時代の絵師、鳥山石燕《とりやませきえん》が『画図百鬼夜行』で描いた《やなり》は、小鬼のような妖怪の集団で、こいつらが悪戯《いたずら》をするから風も吹かないのに家のあちらこちらがキィキィガタガタと鳴り騒ぐということだったが、文夫さんの家のキィガタは、陰陽道に即した幽鬼の出所が明らかである以上、当然、妖怪の仕業ではないということになる。

その上、墓地だけならまだしも、対角線上に井戸まであって、誠に縁起が悪い家だった。

表鬼門と裏鬼門を繋ぐ線上には水回りのものを設けない方が良いとされているのに、文化住宅を建てたときに、住人が共同で使う井戸をこしらえたようなのだ。

手押しポンプ式の井戸ではない。つるべを使って穴から水を汲みあげる井戸である。幼い頃の文夫さんから見ても前時代的な代物だった。これは彼が子どもの頃に蓋で塞がれたうえに、ブロック塀で囲われた。転落防止のための措置だったことが推察できるが、すでに誰も使わなくなっていたのだろう。

破れ寺、墓地、古井戸、家鳴りと、お化け屋敷のセットさながらの環境でも、そこは子どもの逞《たくま》しさで、見慣れた景色だから大丈夫。家鳴りも子守唄がわりに聞いて育ったようなものので平気だった。

路地と墓地はブロック塀で隔てられていたけれど、文夫さんたち、この界隈の子どもらは、この塀を乗り越えてお墓に入り込んでは、隠れんぼをしていた。

外観は傷みが目立つ寺でも、実は廃寺寸前で踏みとどまっており、年老いた住職と奥さん――浄土宗だから寺庭婦人《じていふじん》――が二人きりで住んでいて、墓場で子どもたちが遊ぶのを時折、眺めていた。なぜか一度も叱られなかった。

四歳のときのこと。たぶん梅雨入りしたばかりの頃だった。朝から土砂降りで、雨合羽に傘を差して仕事に出掛けた父を見送ると、あとは一日中、やることがなかった。

豪雨を押してまで幼稚園に行くほどのことはない。窓の外をときどき眺めては薄暗い家の中で母や弟とまったり過ごしていたら、なんとなく夜になってしまった。

「子どもは蒲団に入る時間や」と諭されて、いつもより早い時刻のような気がしたが、起きていてもしょうがないので、弟と一緒に素直に床に就いた。

それからどれぐらい経ったろうか……。

――ガラガラピシャーンッ！

耳を聾《ろう》する大きな音で目が覚めた。その轟音だるやおでこを平手で張られたような衝撃で、思わず飛び起きてしまったが、そのときは何が何だかわからない。

室内を見回して、ようやくいつもの六畳間だとわかり、いくらかホッとした。

天井から吊るした照明器具は、四角い笠の内側に輪っかになった蛍光管が収まったものだった。その頃のありふれた意匠の電気で、蛍光管の陰にオレンジ色の豆球がついているところも、紐を引っ張って灯りを点けたり消したりする点も、お定まりのものである。

その豆球が点いていた。そのせいで、ほうじ茶を注いだ茶碗の底みたいに、何もかもが茶色く染まって仄暗く見えた。

そのとき文夫さんは、寝ぼけた頭で、今、父が帰ってきたのだと思っていた。

雷の音と共に父が帰宅したのだろう、と……。

父が帰宅するのは、いつも文夫さんと弟が眠った後なのだ。父が帰ってきたときに、目を覚ましたことはまだ一度もなかった。

初めて父が帰宅した瞬間に立ち会うのだ。そう予感して、ひとりで胸を躍らせた。

同じ掛蒲団と敷布で、弟が眠っている。隣の蒲団には、母が独りで横たわって、目を瞑《つむ》っている。母の横に、父の姿は見当たらなかった。

雷鳴が再び轟き、稲光がカーテンの隙間から差し込んで、壁際の父のコートを束の間、照らした。

長押《なげし》に引っ掛けたハンガーに、父のコートが吊るされている。通勤用のステンカラーのコートだが、雨降りだから着ていかなかった。だから今日はほとんど一日中、このコートが目に入っていた——蒲団を敷く六畳の他には、仕切りを閉めたことがない隣の四畳半と台所しかない部屋だから。

オレンジ色の豆球の効果で変な色に見えたが、コート本来の生真面目そうな灰色を文夫さんはしっかり憶えていたから、それを着て動く父を脳内で再現することは容易だった。

——今しもおとんが、「ただいま」て帰ってくるに違いあらへん。

祈りとも希望ともつかない強い気持ちが生じた、そのとき、父のコートがハンガーからスルっと抜けた。

畳に落ちるかと思いきや、ふわりと宙で止まったかと思うと、浮かんだまま空中を平行移動して接近してきた。

コートの肩や胸の厚み。二の腕の太さ。父の体軀《たいく》を彷彿とさせるサイズ感で、中身が入っていないことの方が奇妙に感じられるほどだ。

しかしコートの中は、いくら目を凝らして見ても空だった。

これは《透明人間》だ、と、文夫さんは閃いた。

児童向きの挿絵つき読み物で《透明人間》を見たことがあった。母から古いアメリカ映画『透明人間』の話をしてもらったこともある。

――おとんちゃうくて、透明人間が来てもうた！

そう震えあがったとき、タイミングよく、コートの右袖が「おいで、おいで」するかのように肘から先を上下に揺らしはじめた。

さらに、自分の名前を呼ぶ声が聞こえた。

「フゥミィオォ……」

幾重にもエコーが掛かった、深い声だ。

井戸の底から呼ばれたような。

お寺の鐘を、頭の真上で撞《つ》き鳴らされたような。

抑揚は、それこそ父のように優しい。だから何回も呼ばれると、余計に怖かった。

「フゥミィオォ、フゥミィオォ、フゥミィオォ……」

コートは宙に留《とど》まって尚も手招きしている。

返事をしたらどうなるのか想像もつかない。幻にも思い浮かべることの出来ない埒外は、真っ暗闇の宇宙である。

……文夫さんは堰を切ったように泣きだした。

ほどなく母が目を覚まし、「どないしたの?」と心配しながら蒲団からニューッと腕を伸ばして、蛍光灯の紐を引っ張った。

カチリ、と、スイッチの硬質な音がして、部屋が急に明るくなる。

豆球の効果が消えて本来の色を取り戻した途端、コートは生気を失って、文夫さんの蒲団に落ちた。

そうなるともう灰色の布の塊でしかなかった。文夫さんと母は、二人して、蒲団に落ちているコートを申し合わせたようにじっと見つめた。

……コートは動かなかった。ただの布でありつづけた。

母が「よいしょ」と、おもむろに立ちあがり、文夫さんの蒲団の上から父のコートを拾いあげた。四歩ぐらい、眠気にもつれた小股のすり足で歩いて長押のところへ行き、それを元通りにハンガーに掛けた。

そうして、文夫さんに声を掛けることなく、再び隣の蒲団に戻ると、またしても猿臂《えんぴ》を伸ばして蛍光灯の紐を引いた。

母は豆球の明かりを点けることを忘れたから、このときから部屋は闇に閉ざされた。

「うちのおかんも寝ぼけとったのやろう。泣いとったのやさかい少しぐらい慰めてほしかったけど、真っ暗にされてもうたし、おかんはすぐに寝息を立てはじめたから、わしも蒲団を頭から被ってそのうち眠ってまいました。朝になっても、おとんはまだ帰ってきてまへんやった。泊りがけで出張に行っとったようです。そないな言い方をすると、まるで虫の知らせみたいな出来事やねんなあ。……けど、この翌日か翌々日に、おとんは無事に、今度こそ『ただいまぁ』いうて帰ってきた。後日、おかんも、夜中にコートをハンガーに掛け直したことを思い出して、おとんのコートはなんであないな離れたとこから飛んできたんやろうと、しきりと首をひねっとったさかい、この出来事は夢やおまへん」

艮の表鬼門に墓地があった浄土宗の寺院は、その後、経営を立て直して再興した。

文夫さんのお話をうかがってから、インターネットで地図を検索して、現在の景色を確かめてみたら、真っ白な塗り壁を巡らせた聖域然とした霊園があり、路地を挟んだところには、かつての瓦屋根の文化住宅に代わって、モダンなアパートが建っていた。

黒いシスター

青森県には美しいキリスト教会の建物が幾つもある。第二次大戦による空襲被害を受けなかった弘前市の日本聖公会弘前昇天教会、日本基督教団弘前教会、カトリック弘前教会は、観光ガイドブックなどでも紹介されてよく知られているが、県内の他の地域にも多い。

一八六八年に明治政府が発布した神仏分離令により、社寺の整理が全国的に敢行された結果、廃仏毀釈《はいぶつきしゃく》運動が起きて各地の寺院が取り壊された。その一方で、開港に伴ってキリスト教の流入と布教が盛んになり、津軽地方にも深く根づいたのだ。

私がこれから書こうとしている体験談の舞台は、青森市の港町にある老舗のカトリック教会附属幼稚園だ。地図で俯瞰《ふかん》すると、港を囲むように、他にも複数のキリスト教会があった。

明治時代の開港と欧化政策は、各地の港町に異国情緒とキリスト教会をもたらした。ここ青森も例外ではない。

工藤清さんが通っていた幼稚園の園長先生は修道女だった。くるぶし丈の黒いトゥニカを纏い、ウィンプルを被って、ロザリオを首から下げていた。

朝には礼拝があり、昼食の前には手を合わせてお祈りをする。生徒は年少さん、年中さん、年長さん合わせて一〇〇人弱もいるだろうか。一学年は三〇人前後で、一五人ぐらいずつの二組に分けられている。

この幼稚園では、年長さんの夏に〝お泊り保育〟を行う習慣があった。年長さん約三〇人を幼稚園の体育館に一泊させるのだ。五、六歳では、親元から離れて外泊した経験がない子がほとんどだ。不安と興奮が小さな胸に渦巻き、毎回、ちょっとしたハプニングが起きる。

清さんも、両親と離れてどこかに泊まるのは初めてだった。

昼は、教会の美しい庭が借景となった園庭で、水遊びをした。大きな組み立て式のビニールプールが用意されていて、みんなで楽しく遊んだ。

やがて夜が訪れて、いよいよ体育館で寝る段になった。

清さんも他の子たちと一緒に眠りに就いた。しかし、しばらくして尿意で目を覚ましてしまった。枕から頭を起こして周りを見回すと、高い窓から月明かりが差していた。青く沈んだ広い体育館の床に小さな敷蒲団が約三〇組、園児の数だけ並び、お友だちはみんな熟睡している。目を覚ましているのは自分だけ……。

先生の姿が見当たらなかった。おしっこは、もう我慢できそうにない。勝手にトイレに行くしかないと思い、みんなの蒲団を踏まないように気をつけながら出入口の引き戸のところまで行った。静かに引き戸を開けて、棟続きの玄関広間に出た。一瞬、暗闇に怯んだが、広間の端のトイレには灯りが点いていた。走っていって明るいトイレでおしっこを済ませ、ホッとして広間に出てきたら、前方に、この幼稚園にそんなところがあったかしらと思うような長くて暗い廊下が奥へと延びているのが目に入った。

その廊下に誰か、いる。

園長先生と同じ黒い修道服を着た人だ。ただし、ウィンプルに囲まれた顔が漆黒の闇に呑まれている。顔があるべきところに底なしのトンネルが開いているかのようだ。

それが、真っ白な右手を上下に動かして、清さんを呼び寄せる仕草をした。

心臓が凍りついた——次の瞬間には、担任の先生に横抱きに抱えられて揺れていた。

「寝ぼけちゃったのかなぁ」

目を開けた清さんを胸に抱いて運びながら、先生は柔らかな微笑を落とした。

体育館の自分の蒲団に再び寝かせられた。

「トイレの前さ倒れでいだよ」

そう優しく教えられて驚き、次いで不安に胸を塞がれた。

黒いシスターに手招きされてから自分がどうなったのか憶えていない。

「お眠りなさい。目ばつむったっきゃ、すぐ朝になるはんで」

翌朝、恐る恐る、昨夜《ゆうべ》見たあの廊下を探した。すると廊下は確かにあったが、記憶にあるよりもずっと短く、明るい陽射しに満たされていた。

担任の先生に目配せされて、黒いシスターのことが喉まで出かかったけれど、すぐにお祈りの時間になってしまって、何も言えないままになった。

幼稚園の送迎バスに乗って、港町を横切って家に帰った。バスを降りると、いつものように遠く潮騒が聞こえ、ほのかに淡く海の匂いがした。母が待っていた。

「お帰りなさい。楽すかった？」

道すがら、清さんは母に黒いシスターについて打ち明けた。ひとたび喋り出すと止まらず、話すうちに怖さがぶり返して泣きじゃくった。

「独りっぎりで他所《よそ》さ泊まるのは初めてだったもの。おっかながったよねぇ」

母に頭を撫でられ慰められると心地良くなり、違う、そうじゃないんだ、と、抗う気力はもう湧かなかった。

窓女

大阪の中学一年生の田中一志さんは、その日もクラスメイトの吉也くんの家に寄り道した。吉也くんのうちは五階建てマンションの三階にある3LDKで、南海高野線の駅から近い。寂れかけた駅前商店街の外れに建っているから菓子や飲み物を買いにいくのに便が良く、共働きの両親は夜遅くまで帰らない——ヤンチャな中坊たちがたむろするのにうってつけな家なのだった。

ゴールデンウィークが終わった頃からつるむようになった同級生の仲間の中でも、ダラダラ過ごせる場所を提供してくれるという点で、吉也くんは別格だ。

最も親しくもあり、頻繁に家に入り浸るものだから、二学期が始まった今では、吉也くんのうちの間取りを隅々まで憶えてしまい、下手をすると自分の家よりもどこに何がしまってあるか知っているほどだった。

そんなわけで、いつものように吉也くんの家にいて、黄昏時のその時点では、ダイニングキッチンのテーブルでおやつを食べながらぼんやりしていた。今日は他の仲間はいない。さっきまで吉也くんと二人でゲームをしていたのだが、そろそろ飽きてきて、吉也くんはトイレに立ってしまった。独り取り残され、することもないからボーッと隣の和室にあるベランダの方を眺めていたのだ。

矩形《くけい》に切り取られたベランダの窓が額縁のようだ。終わりに近い夕焼けが表を赤銅色に染めている。商店街の喧騒が——寂れかけているとはいえ夕方の書き入れ時にはそれなりに賑わう——が遠く聞こえる。

その額縁の中を、右から左方向へ、白いワンピースを着た若い女の人がゆっくり横切っていった。

右端に現れたときには、「お。綺麗なおねえさんや」と思って、座っていた椅子から腰を浮かしたのだが、おねえさんがシャンプーのテレビコマーシャルに出てきそうな長い髪をフワフワなびかせながら左の方へ歩いていくに従って、頭の隅から黒い違和感が煙のように湧いてきた。

おねえさんは一足ごとに一〇センチほどの幅で上下に揺れつつ進んでいる。稀にそういう歩き方をする人もいるかもしれないが、不自然ではある。

不自然といえば、ここは三階なわけだが……。

――あぁ、わかった！　竹馬に乗って歩いてるんや！

なんにせよ美人である。ベランダの額縁劇場からおねえさんが退場すると、一志さんは一抹の寂しさを覚えた。と、そこへ吉也くんが戻ってきた。

「あと少し早う帰ってきたら、綺麗なおねえさんが竹馬で通るのが見られたのに」

「なんや、竹馬って？」

そこで一志さんは吉也くんに詳しく説明した。おねえさんの黒髪が長くて見事だったこと、横顔が整っていて女優のようだったこと、白いワンピースをリアルに着こなした女性を見たのは初めてだったことなどを、興奮気味に話したのであるが……。

吉也くんの反応は予想していたものと違った。

一志さんは、この気の合う友人が、ちょっと羨ましがってくれるものだと思っていた。「そら見たかったわぁ。そんなんなら小だけにして大は引っ込めといたのに」というようなリアクションを期待していたのだ。

しかしどうだ。吉也くんは黙りこくってしまった。

――わし、けったいなこと言うてもうたんやろうか。

困りつつ、よくよく考えてみたら、大人の女性が人通りの多い夕暮れの商店街で竹馬に乗って歩くのは変だということに気がついた。

そもそも三階まで届く竹馬を乗りこなせる女性は稀であろう。乗りこなせたとして、下から見上げられたらパンティが丸見えになるから、ワンピースは着ないのでは……。

「ありえへんよな？　うん。ありえへん。わし、何を見てもうたんや？」

少し怖くなってきて吉也くんに問うと、友は心なしか青ざめた顔で、ゴクリと唾を呑み下した。

「髪がうんと長かってんよな？　若い美人で？　わし、たぶん、その人のこと知ってんで」

「え？　そうなん？」

「あっ、おまえ今、竹馬に乗るサーカスの人みたいなの期待したやろ？　ちゃうで。そもそも生きてる人ちゃう……」

吉也くんによれば、今を遡ること二年前、このマンションの屋上にある物干し場で遊んでいたところ、屋上の片隅に建っているペントハウス風の部屋の方に、ふいに違和感を覚えた。そこでそちらを振り向くと、その部屋の窓に巨大な女の顔が貼りついていたのだという。

「差し渡し一メートル以上あるおっきな窓を埋め尽くすほど巨大な顔やった。それが部屋の内側から、ガラスにビッタリと貼りついて、こっちを見とってん。ほぼ窓一面、顔や。わずかな隙間は黒髪がとぐろ巻いて埋めとった。わし、もう怖うてチビりそうになって、うちに逃げ戻ったんやけど……そのとき気がついてん。屋上のその部屋って、このうちのずーっと真上やったんやで……ちょうど一志の頭の上辺りに、デッカイ女の顔があったわけや……」

「ひえぇ」

「その屋上の部屋は、そのときも今も空き部屋なんやで。なんでかちゅうと、わしが巨大な顔を見る何ヶ月か前に、そこで女の人が首をくくって自殺したんやって……。真っ黒な長い髪の若い美人やったんやってさ……」

落ち武者

東野智嗣さんは四歳の頃、長野の家で侍を見た。

五月のある晩、両親と川の字になって寝ていると、急に辺りが騒がしい感じがして目が覚めた。しかし目を開けたら、部屋の中は静まりかえっていた。

何が起きたのか、と、枕から頭を起こして見回すと、戸口のところにパジャマを着た父の背中があった。

廊下に出て行こうとしているのだが、右手を前に出して、その手を誰かに引かれている。

——おとうさんが連れていかれちゃう。止めなきゃ！

なぜだか、このまま行かせたら、父は二度と帰ってこないような気がした。慌てて飛び起きて廊下に追って出ると、父の手を引いていく者の姿が見えた。

落ち武者だ。蓬髪《ほうはつ》の落ち武者が、こちらを振り返ってギロリと一瞥《いちべつ》を投げ、再び前を向いて父を引き摺るように連れていこうとする。一瞬見えた顔が傷だらけで、煤《すす》を塗りつけたように汚れていた。鎧や着物にも刃物で斬りつけられたような痕があり、全身から荒々しい怒気を発散している。

こんな状況なのに、父は目を瞑ったままだ。どうやら眠りながら歩かされているようだ。落ち武者が父を連れていこうとしている廊下の突き当たりには、便所があった——この古い平屋のしもたやには、トイレより便所という名が相応しい。智嗣さんは、前に住んでいた家をもう思い出せなかった。ここには三歳から暮らしている。

父と母が「カケオチ」というものをして一緒に暮らしだしたのが、この家なのだった。母によれば、父は自分と血が繋がった本当の父親なのだが、よんどころない事情があって、智嗣さんが三つになるまで、そして彼らが「カケオチ」を決行するまで、一緒に暮らすわけにはいかなかったらしい。智嗣さんが把握していることは、「カケオチ」の後、父がおばあちゃんを呼び寄せたということと、おばあちゃんが四六時中、母を苛《いじ》めていることぐらいで、その他の細かい経緯は知らなかった。

経緯はわからないが、知っていることといえば他には……そう、父はよく母を殴っている。父の拳が母の顔に飛び、痣《あざ》をこしらえるのを何度も見てきた。おばあちゃんは殴られる母が悪いのだと言うが、そうなんだろうか?

——落ち武者は、おとうさんを便所に引き摺り込むつもりだ。

智嗣さんは、廊下の先をもつれるように進んでいく二人をじっと眺めた。胸に複雑な思いが去来していたが、言葉に直す術《すべ》を持っていなかった。

ただ、母を殴る蹴るする父の姿や、母の悲しそうな表情が、頭の中に次々に浮かんでは消えていた。

家の周りの田んぼで虫や蛙が鳴いている。こんなときなのに、父が川の名前を教えてくれたことを思い出した。家の裏にある神社の境内を通り抜けていくと、明るく視界が開けて、河原に出る。「この川は千曲川《ちくまがわ》というんだよ」と教えてくれたときの父の笑顔が脳裏に蘇った。

「おとうさんを放して！」

気がついたときには、落ち武者の刀の鞘《さや》を両手で摑《つか》んで引っ張っていた。

「連れていかないで！」

落ち武者は、すでに便所の戸を開けて、中に片足を踏み入れていた。便所が便所ではなくなっていた。スリッパも便器も消え失せて、ただ、何処に通じているのかわからない暗闇があり、今しも落ち武者と父とを呑み込もうとしている。

落ち武者が、智嗣さんの顔を再び振り向いた。険しい眼差しで射貫かれて、腰が抜けそうになった。……明らかに憤怒している。怒りを真っ赤に煮えたぎらせており、それは智嗣さんにもさっきからずっと伝わってきていた。

——この人は、どうしてこんなに怒ってるんだろう。

智嗣さんは勇気を出すために、鞘を握る手に力をこめた。

今は眠ったまま連れ去られそうになっている父は毎朝、ポンプ式の井戸の水を汲んで、庭の畑に撒いていた。父の逞しい腕がレバーを上下するたびに、澄んだ井戸水がバケツにジャッジャッと注がれては飛沫《しぶき》がきらめく。その光景が、なぜか突然胸に蘇り、智嗣さんは喉が詰まるような思いがした。

「次は必ず連れていくぞ」

冷たい声に、ハッと我に返って顔を上げると、落ち武者は眉間に皺を寄せて智嗣さんを眺めていた。眼力に負けじと睨み返したが、恐ろしさに気が遠くなりかけた。それでも尚も鞘にしがみついていたところ、落ち武者がふと視線を逸らしたかと思うと、父の手を離した。

目の前で便所の戸がバタンと閉まった。

落ち武者は戸の向こうに去り、夜更けの廊下に、父と智嗣さんが取り残された。

……そこで緊張の糸が切れて意識が遠のいた。と、思っていたが、次の瞬間、母に起こされて目を覚ましたので、智嗣さんは、すっかり混乱してしまった。

「おとうさんは？」と母に訊ねた。

「もう仕事に行ったよ。五月場所が始まるから」

父は調理師として相撲協会と契約していた。巡業のときは留守にすることが多かった。父が料理したちゃんこ鍋は美味いのだと母は常々話していた。智嗣さんは一度も食べさせてもらったことがないのだが。

その後、父は自分の店を持った。ラーメン屋だった。しかし、やがて店に勤めていた女性と「カケオチ」してしまった。

智嗣さんは、そのときにはもう六歳になっていて、両親の「カケオチ」についても何となく察するところがあった。……誰にも何にも言わなかったが。

母は生まれたばかりの弟と智嗣さんを連れて実家に戻り、土蔵を改造して住みはじめた。

それからさらに三〇年近く月日が流れた。

智嗣さんの両親は離婚した数年後に、籍を入れずに復縁し、今は父と弟が共同でラーメン屋を経営している。

智嗣さんは数年前に結婚して自分の家庭を築き、自分が落ち武者を見た頃と同じくらいの年齢の息子を育てている――この正月に両親の家で集まったときに、みんなの前で初めてあの落ち武者の話をしたのは、そのせいかもしれない。

時間が充分に経ち、子ども時代のことを家族の間で話しても、誰も不必要に傷つかずに済むようになった、という理由もある。

——話しながら、四歳児に戻って夜の廊下で落ち武者と対峙しているような感覚に陥った。

最後に、「やっぱり、あれは夢だったのかなぁ?」と苦笑してみせたのだが。

「ううん」と、母が首を横に振った。

母は続けて、昔、土蔵の家に住んでいた頃、三つ四つになっていた弟が「ベッドの下に正座をしたお侍さんがいた」と言っていたことがあると話した。

智嗣さんは、落ち武者の話を弟にもした覚えがなかった。

「兄弟で同じものを違うときに見てたんだから、夢じゃないでしょう」と母は微笑んだ。

父は終始、無言だった。

隙間のノッペラボウ

三〇代の会社員、鈴木誠さんは、ドアの隙間が苦手である。きちんと閉まっていれば問題ない。わずかでも隙間が開いていると気になって仕方がない。

特に、夜、就寝前に寝室のドアがしっかり閉まっていないのは、いけない。いったんベッドに横になっていたとしても、わざわざ起きて閉めにいかなくてはいられない。

こうなったことには原因がある。


六歳の春のことだった。

大阪の実家で、両親と三歳の妹と一緒に暮らしていた。家は、父と母が結婚して間もない頃に父方の祖父母が建ててくれた一戸建てで、どの部屋も洋室。今にして思えば、当時としては非常にモダンな建物で、広さも充分すぎるほどだったが、寝るときは家族四人でひとつの部屋に固まって眠っていた。

父も母も仕事が忙しく、幼稚園の送り迎えや平日の食事の世話は祖父母に頼りきりだった。せめて寝るときだけでも一緒に……と、両親が考えて、そういうことになったのだろう。

誠さんが思春期に差し掛かると、寝室が分けられた。

しかしその頃はまだ夜は家族全員で二階の一室に集まって寝ていた。ダブルベッドを二つくっつけて、ひとつのベッドを二人で分け合って。

妹と同じベッドに寝るときもあったが、母か父の隣で寝ることもあった。

ふと夜中に目を覚ましてしまったときに、両親が同じ部屋にいるのを確認すると安心した。

物心ついた頃から中学生ぐらいまで、真夜中に起きてしまうことが頻繁にあった。

大阪府でも都会の方だったから、深夜であっても、町の灯りがカーテン越しに入るので真っ暗闇にはならない。青く沈んだ寝室に、両親と妹の寝息が穏やかに押したり引いたりして、それぞれの身体が形づくる大小の畝《うね》は波のよう。しかし誰もが自分以外のみんなが安らかに眠っているようすを眺めるのは、なにやら楽しい感じがした。

静かな夜に独りで目を覚ましているのは嫌いではなかった。

——その晩も、いったん眠った後で目が覚めてしまった。

しかしいつもと違う点があった。視界の端で動くものがある。

寝室のドアだ。ドアが、スローモーションのような速度でひとりでに閉じてゆく。

閉まるかと思いきや、寸前に停止し、また同じ緩慢な動きで開きはじめた……と、真ん中まで開いたところで再び停止した。

驚愕しながら目が離せず、身動きさえ取れない。凍りついて見つめていると、ドアは、閉じることも開き切ることもなく、中途半端に開いたり閉まったりしはじめた。

一定の速さで、これを七、八回も繰り返したときだろうか。

唐突に、拳二つ分ぐらいの隙間を残して動作を止めた。

その隙間から、大人の女の人が漏らす長い長いため息が、

「ハァーッ……」

と、寝室の中に、そして誠さんの耳の奥までも流れ込んでくるのと同時に、高さでいうと戸板の真ん中辺りに、市松人形のようなおかっぱ頭が現れた。

横一文字に切り揃えた前髪と左右に垂らした髪で囲まれた顔と、黒い着物の衿《えり》のようなものが、こっちを覗き込む――目も鼻も口もない、真っ白な肌にのっぺりと覆われているだけの顔だ。

それが、くーっと誠さんの方を向いた。

「蒲団を頭から被ってガタガタ震えているうちに、眠ってしまいました。翌日、母にこのことを話しましたが、夢でもみたのだろうと言われ、取り合ってもらえませんでした。でも、

高校生ぐらいのときでしょうか……テレビのオカルト番組で隙間から覗く顔のないおかっぱ頭のノッペラボウの話が実話として紹介されたので、僕の他にもあれを見た人がいるんだと思いました。……夢じゃありませんから！　ああいうものは、本当にいるんですよ。あれ以来ドアの隙間が怖くなって、必ず閉めるようになりました」

ドッペルゲンガー

――「最初は小学三年生のときでした」と、橋口修さんは語りはじめた。

当時テレビで放送されていた刑事ドラマ「西部警察」を真似たごっこ遊びが仲間内で流行っていて、いつも近所の交差点に自転車で集まっては、みんなで公園に〝出動〟していた。

その頃、修さんは、チョッパー型のハンドルが特徴的な、アメリカンバイク風の自転車に乗っていた。その自転車の前カゴにモデルガンを入れていくのが常だった――ちょっと変わり者の親戚の叔父さんからプレゼントされた本格的なモデルガンを持っていたのだ。みんなは玩具店で売っているプラスチックのピストルや水鉄砲しか持っていなかったから、よく羨ましがられた。

西部警察ごっこは楽しかった。〝出動〟する先の公園は雨壺山《あまつぼやま》という丘にあり、いつ行っても空いていたから、縦横無尽に駆けまわることができたし、乱暴なことをしても叱る大人もいない。丘の麓に火葬場跡があるのが少々不気味だったが、そっちに行かなければいいだけの話だ。

しかし、だんだん飽きてきた。それで、あるとき、いつものように西部警察ごっこをしようと誘われたけれど、気が乗らなくて断った。

すると翌日、仲間から呼び出しを喰らって、「呼んでも返事もせぇへんなんて、どういうことや」と〝訊問〟された。

聞けば、いつもの待ち合わせ場所の交差点に仲間が集まっていたら、修さんが凄い勢いで自転車で走ってきたのだという。

「あないな自転車に乗って、でっかいモデルガンをカゴに入れてる奴なんか、橋口しかおらん。顔も、おまえやった。間違いあらへん！」

修さんは無実を訴えたが、なかなか信じてもらえなかった。

「橋口ィって名前を呼んだのに止まらんと、火葬場に行く道を飛ばしてったな？　あないな方へ何しに行った？　不気味なヤツやわ」

自分そっくりな者が目撃されただけでも怖いことだ。おまけにそいつが火葬場に向かって行ったと聞いて二重に怖ろしくなり、潔白を証明するのはどうでもよくなってしまった。

――「次は、高校の寮で起きました」

修さんは全寮制の男子高に入学した。寮は二人一部屋で、夜は一〇時に消灯する。灯りを点けて起きていることが見回りの先生にバレると叱られた。

そこで仕方なく一〇時になると電気を消すのだが、生徒の大半は真夜中まで目を覚ましていて、暗い部屋を行き来して遊んでいた。

そのとき、修さんは友人の部屋に行って話し込んでいた。とうに一〇時を過ぎていたが話が尽きず、やがて真夜中になった。

と、そこへ、同室の三田くんが呼びに来た。

「ぼちぼち戻れ」

「うん。もう行く」

と、一応、返事はしたものの、そこで会話を打ち切るのはキリが悪かった。そこで尚も話し込んでいると、三分もしないうちに三田くんが引き返してきた。

しかしそのようすがなんだか変だ。震え声でこう尋ねた。

「橋口、おまえ、ずっとここにおった？」

「おったよ。おったに決まってるやんか。なんでほんなん訊くの？」

「だってわしが部屋に戻ったら、橋口はベッドでポテチを食べとったやんか！」

なんでも、三田くんが部屋に戻ると、ポテトチップを食べているような、パリパリという音がしていたのだそうだ。

消灯後だから室内は薄暗い。ここの寮では相部屋になった生徒同士は二段ベッドをシェアしており、修さんのベッドは上の段だった。

三田くんがそっちを見ると座っている影があり、「橋口か？」と訊いたら、「うん」と修さんの声で返事があった。

「僕より先に戻っとるとは、えろう足が速いな。まあ、ええやろ。もうポテチ食べるのやめろや。先生が来る頃や」

「わかった、わかった」

二段ベッドの上段に座った影は、また修さんの声で応えた。

それから三田くんは寝ようとしたのだが、ふと、大事な提出物を鞄に入れ忘れたような気がしてきた。そして、気になって眠れそうにないので確かめるために灯りを点けたのだ。

「……ほないしたら、橋口のベッドの上には誰もおらん！　ベッドから下りる音もせなんだし、ずっとポテチの音がしとったのに……。そやさかい怖なって、こっちに引き返してきた。橋口ィ、一緒に部屋に戻ってくれや」

――「最後は大学のときでした」

新潟県の某大学に入学すると、昔、モデルガンをくれた叔父さんが入学祝いだと言って、自分が乗りまわしていた真っ赤なゴルフ・カブリオレを譲ってくれた。外車、しかもオープンカーだから田舎では目立ち、お陰で修さんは他の学生からすぐに顔を覚えられた。

あるとき、同じ学部の友だち、及川くんが心霊スポット探検にハマった。新潟にも《ホワイトハウス》という名で知られる心霊スポットがあるのだと言って、一緒に来てほしそうなそぶりを見せたが、修さんはそういうことにあまり関心がなかったので聞き流していた。

やがて及川くんは別の友人と《ホワイトハウス》を訪れたと言って、修さんに報告してくれた。

「寺泊《てらどまり》港の近くに、海産物を売ってる店が並んでる所があるだろ？　あの辺から海沿いの越後七浦シーサイドラインを新潟市方面へ進んでいくと、角田岬灯台の手前にトンネルがある。そのトンネルを抜けていくと右の方に見えてくるんだ……二階の窓に鉄格子がはまっていて、見るからにヤバそうな白い家が……そこに住んでいた家族が娘を監禁してたんだって……。多重人格でどうしようもなかったから閉じこめていたら、ある日、娘が父親の猟銃を持ち出して家族を皆殺しに……そして自分もどこかで自殺して、悪霊になってあの家に取り憑いているというわけだよ……。怖いなぁ怖いなぁと思いながら家の中に入っていくと……二階からゴトリ……と、何か奇妙な物音がしたんだ。厭だなぁ出たかなぁと天井を見上げていたら、バタバタッと今度は足音が……聞こえたような、聞こえなかったような……」

流石に少し興味を惹かれたが、わざわざ行くほどのことでもないと思った。

ところが……。

「おまえ、昨日の夜《ホワイトハウス》に行っただろう?」

と、数日後、及川くんが言うではないか。

「いや、行っとらん」

「嘘だ! 上半身裸で、完全に目がイッちゃってたけど、確かにあれは橋口だった!」

「それは僕やない。僕はそんなことせん」

「いいや! 橋口だった! いつもの赤いオープンカーで灯台の方からぶっ飛ばしてきたじゃないか。《ホワイトハウス》で怖い目に遭ったんだろう? ムンクの〝叫び〟みたいな顔してたぞ。俺が呼んでも全然、聞こえなかったみたいだった。食堂へ行った帰り道で歩くのかったるかったから、車に乗せてもらいたかったのに」

「……それは僕やないよ。だって昨夜はずっと下宿におったで」

「なんでそういう嘘をつくの? 見間違えるはずがないじゃないか。あの車だったし、擦れ違うとき、顔もしっかり見たんだぞ。それとも何か? 昨日、俺が会ったのは橋口のドッペルゲンガーだったとでも言うつもりか?」

ケサランパサラン

フランス在住の松永芳雄さんは一〇歳の夏休みに、母と二人でイタリアのカタコンベを訪ねた。カタコンベとはイタリア語で、地下の墓所のこと。元々はローマのサン・セバスティアーノ・フォーリ・レ・ムーラ教会の墓所だけがそう呼ばれていたが、そのうち、洞窟を含む地下の埋葬場所全般の代名詞になったのだそうだ。

壁面を埋め尽くす骸骨の装飾や、ローブを纏った修道士の骨、ガラスケースに納められた子どものミイラなどの展示があることがカタコンベの特色だ。実際に訪れてみると、墓所の各室内は清潔で整頓が行き届き、確かに本物の人骨が飾られているには違いないのだが、案外、不気味ではない。世界にはこんなお墓もあるのか、と、興奮を覚え、面白く感じた。

母と連れだってカタコンベの中を歩くうちに、床に何か白くて丸いものが落ちているのを見つけた。

直径三、四センチの、タンポポの綿毛のような玉だ。

好奇心を覚えて触ってみたところ、フワフワと頼りない手ざわりだった。

――これはひょっとすると未確認生物《ケサランパサラン》なのでは？

「何してるの？」

母に問われて、振り向きながらめまぐるしく考えた――持ち帰りたいと言ったら叱られるだろうか。お墓に落ちていたものを触ったことがバレたら手を洗わされるかな――。

「落とし物かな」

芳雄さんは、我ながら賢い、無難な台詞を考えついたと思ったのだが。

「何もないじゃない」と訝しそうに指摘されてしまった。

慌てて床に視線を戻したら、母の言うとおりで、綿毛の玉が消えていた。目で追いかけたが、もうどこにも見当たらなかった。


その夜、こんな夢を見た。

上半身が裸の痩せた人が三人、檻の中でしゃがみこんでいる。彼らは奴隷で、一様に打ちひしがれたようすだ。しかし気づけば芳雄さんも四人目の奴隷として、彼らに交ざってうなだれていたのだ。

やがて、奴隷のうちの一人が芳雄さんに告げた。

「ここは地獄なんだよ」

途端に目の前が真っ白に弾けた。

と、同時に目を覚ますと、今度は、赤茶色の袈裟《けさ》をかけたチベットの僧侶が胸の上で坐禅を組んでいた。……ただし、座高が五〇センチほどの小さなお坊さんだ。

どかせたいのだが、初めはピクリとも身体が動かなかった。

小さな僧侶も、瞑想でもしているのか、坐禅を組んだままじっとしている。

やがて、少しずつ芳雄さんは身体の自由を取り戻していった。それと並行して僧侶の姿が薄れていき、完全に動けるようになったときには、僧侶も消えていた。

すぐに母を起こして、今起きたことを話した。

母は揶揄の表情で、「お坊さんが守ってくれたんじゃない？」と言った。

本気にしてもらえず悔しかった。そのせいではないだろうが、その日のうちに熱を出してしまい、その後のイタリア観光が台無しになってしまった。

学校

学校は、子どもにとって日常と非日常の境目にある。

大人のみなさんは、どうか、小学校に入学したときのことを思い出してみてほしい。

家庭という生活空間からいきなり放り込まれる学校の校舎や体育館は、自分のうちの子ども部屋やお茶の間とは明らかに異質だったはず。

これから通うことになる校舎を初めて訪れた瞬間は、一種、教会や神社の祭礼の場に臨んだときにも似た緊張感を伴ったのではなかろうか。

先生や自分以外の生徒たちも、初対面のときは、ちょっぴり怖い。

もちろんそれは最初だけ。学校は、すぐに子どもの日常に取り込まれ……かける。

そう。完全に日常の場になることはない。

学校は、揺らぎながら境界線に留まってしまう。

学校で出逢った人々も、然り。

だから、たとえば、放課後の校舎で独りぼっちになってしまったら、危ない。

非日常の気配を濃密に感じたときには、ほら、すでに幽明の境を越えている。

……もう家に帰れないかもしれないね。

五月の包帯

月丘匡之さんは広島県の世羅《せら》郡というところで生まれ育った。年号が平成に変わる前に上京してしまったから、彼の中の世羅郡は昭和で止まり、通っていた中学校も今の鉄筋コンクリートのモダンな校舎ではなく、古びた木造校舎のままである。

板張りの床は踏めば軋《きし》み、廊下の奥は昼間でも影が凝って仄暗かった。

それは彼が中学二年生のときで、季節は春から夏に移ろう頃、たぶん五月の下旬のことだったという。

美術室で美術の授業が始まる直前に、匡之さんは教室に絵の具を忘れてきたことに気づいた。

「絵の具を取りにいかにゃあいけん」と、近くにいた級友に言って、美術室を飛び出した。

あいにく教室はだいぶ離れていたから、授業に遅刻することはすでに必至なのだった。

――美術の先生が遅れてきますように。

そう祈りつつ非常に焦って教室めがけて廊下を駆け戻り、自分の机から絵の具を取り出すと、再び廊下の方へ……と、さっきまでは誰もいなかった廊下に女子生徒が佇《たたず》んでいるのが目に入った。

――誰じゃろう？

匡之さんがいる教室の出入口の近くに、ぼんやりした表情で立っている。

色の浅黒い健康的な体格の女の子で、右脚に巻かれた白い包帯がひどく目立った。

右の脚だけ、足首から真っ白な包帯でぐるぐる巻きにされ、それがおそらくスカートの中までずっと続いていそうな感じなのだった。

気にはなったが、そのとき授業開始のベルが校舎に鳴り響いた。

匡之さんは我に返り、急いで女の子の前を通りすぎて美術室に戻った。

その後、あるとき彼は委員として参加していた生徒会で、過去の卒業アルバムを閲覧させてもらう機会があった。

アルバム制作の顧問の先生と一緒に見ていたら、何冊目かに見たアルバムの中に、先日、廊下でみかけた女の子の姿を発見した。

「先生！　僕、この人をこないだ廊下で見ました」

咄嗟《とっさ》に言ってしまってから、矛盾に気づいた。慌ててその卒業アルバムをひっくり返して表紙で年度を確かめたら、三年前のものだった。

先生は、すぐには何とも言わず、ただ、痛ましそうに写真の女子生徒をそっと指で撫でた。少女は笑顔で写っている。浅黒く日焼けして、体育が得意そうな印象だ。先生の指が少女の右膝あたりで止まった。包帯はなく、スカートの裾から健やかな膝小僧が覗いている。

「……この子はのぉ、交通事故で亡くなったんよ。しとしと雨の降る日にダンプに轢かれての……」

ダンプカーに轢かれて、右脚を太腿の付け根から切断する措置を病院で受けたが、手術の甲斐なく亡くなってしまったとのことだった。

「わしが担任をしとったんよ。学校がぶち好きな子じゃったけぇ、また学校に通えるようになりたかったんじゃろうね。かわいそうに……」

少女の遺体を棺に納めたとき、切断した脚にも包帯を巻いて、本来あるべき場所に配したのだという。

寄宿学校の怪

松永芳雄さんは、一四歳のとき、それまで住んでいたフランスを離れて、デンマークの全寮制寄宿学校に入学した。

ボーディングスクールと呼ばれる、欧米の伝統的な中高一貫校に入ったのだ。授業は英語で行われ、他の生徒とのコミュニケーションも英会話が推奨されていた。学校の敷地内には校舎の他に学生寮が二棟あり、そこで芳雄さんも、一三歳から一八歳までの他の生徒たちと共同生活を送ることになった。

校舎は堅牢な石造りの建物で、一九世紀初頭に建てられたという話だった。左右にウィングを備え、地上三階建てで地下室を有しており、内部の構造が複雑で、隠れんぼに適していた——実際、入学早々、先輩たちから隠れんぼに誘われた。

日本では高校生にあたる一六、七歳の少年たちと中学生ぐらいの子たちが一〇人以上も入り交じって遊んでいた。楽しそうだったので参加したが、来たばかりで勝手がわからない。

とにかく隠れればいいのだと割り切り、地下に降りてみた。

階段を降りると、手前に男子生徒用の洗濯コーナーがあり、その先に廊下が真っ直ぐに延びていた。一〇〇メートルほど行くと壁に突き当たったのだが、その壁のようすが奇妙だった。廊下の幅で石段が三段あり、上ったところが踊り場になっているわけだが、そこからどこに行けるわけでもなく、壁が立ち塞がっているのである。

改築した結果、石段だけが取り残されたのだろうか……。

踊り場はそこそこ広く、中央に円い鉄製の蓋があった。直径一メートルほどあろうか。マンホールの蓋に似ている。試しに縁に手を掛けてみたところ、開けることが出来た。

――ちょうど石段三段分の深さの筒状の穴があった。

隠れるにはもってこいだと思った。さっそく入って蓋を閉めると、真正の闇に包まれた。蓋は隙間なく閉じて一条の光も差さない。あまりにも暗いので平衡感覚を失いそうになり、壁に背中をつけて屈んだら、遠くから複数の話し声が聞こえてきた。

先輩や同級生の声ではない。年輩の男たちが数人で何か相談しているような感じだ。それに、先輩たちの声なら蓋の上から聞こえるはずだが、壁の中から聞こえてくるようだった。

どこかに穴が開いていて、外か、地下の別の部屋に通じているのかもしれないと思いついた。けれども、筒の内部を両手でいくら探ってみても、どこにも穴がない。

その間にも、話し声がだんだん近づいてくる。

少し怖くなってきて外に出ようとしたら、どういうわけか蓋が開かない。開けようとして頑張っているうちに、男たちの話し声と気配が間近に迫ってきた。

壁で守られているはずなのだが、実感としては、壁が消えてしまったとしか思えないほどすぐそばから声が聞こえてきて、恐ろしさのあまり、思わず両手で耳を塞いだ。

すると年輩の男の声が、掌を突き抜けて、耳もとで囁いた。

「What do you think ?（どう思う？）」

無我夢中で蓋を押し上げ、一目散に廊下を走り抜けた。階段を駆け上がると先輩たちに驚かれた。

聞けば、とっくに隠れんぼは終わっていたのである。

そこで芳雄さんは、地下室で今、遭遇した出来事を先輩たちに話したのだが……。

「Has that also happened to you ?（おまえも経験したのか）」と言われた。

そして、校舎の裏庭に連れていかれて、外壁の一ヶ所を指し示された。見ればそこには浮き彫りをした石の銘板があり《sanatorium》と記されていた。

先輩たちによれば、ここは、かつては死病と恐れられた肺結核のサナトリウム（療養所）だった所で、あの地下の石段の先には、今は壁で塗り込められているけれど、元は霊安室があった。そして芳雄さんが隠れた筒状の穴は、サナトリウムだった当時、墓地へと続く地下通路に繋がっていたそうだ。

——おまえが聞いた会話というのは、サナトリウムの医者や何かが集まって、末期の結核患者を安楽死させるかどうか相談していた声なんじゃないか？

そんなふうに先輩から指摘されて、芳雄さんはゾッとした。

怯えていると、「校舎の地下は怪奇現象がよく起きる場所なんだ」と励ますような口調で優しく教えられたが、あまり慰めにはならなかった。


怪異は学生寮でも起きた。

寮の建物は二階建てで二棟あり、棟同士は離れて建っていた。一棟あたり一〇数室、四人で一部屋を使っていたのだが、ある日、真夜中に少女の悲鳴と廊下を走る足音を、二つの棟にいた全員が聞いて大騒ぎになった。

どちらの棟でも、一階で寝ていた生徒も、二階にいた生徒も、絹を裂くような悲鳴と激しい足音を同じように耳にして飛び起きてしまった。その晩は全員、ひと部屋に集まって、朝までまんじりともしなかった。

後日、そんなことが可能かどうか実験した生徒たちがいたが、二つの棟の一階と二階にいる者が同時に声や足音を聞くのは不可能だということが明らかになっただけだった。

上海トンネルのジョシュア

ウィン春岐さんは九歳から約四年間、アメリカ・オレゴン州のポートランドで暮らした。春岐さんはニューヨーク生まれ。フロリダに住んでいた時期もあるが、ポートランドの風土がいちばん肌に合うと感じたという。

ポートランドはニューヨークなどと比べると都会とは呼べないが、豊かな自然に抱かれたコンパクトな街区に現代人が必要とするものがしっかりと詰まっており、〝全米で最も住みやすい街〟や〝全米で最も環境に優しい都市〟などに再三選ばれている。

街の中心を水量の豊富なウィラメット川がゆったりと流れ、富士山のミニチュア版のようなマウント・フッドを始めとする山々を望む素晴らしい環境に加え、公共交通機関が発達し、市街地を歩行者に適した一辺六一メートルに設計して造成した計画都市であることから、子育てに向いているとも評される。治安も良い。

水路を利用して街の深部からも太平洋に出ることが容易なポートランドは、かつて太平洋岸北西部最大の港湾都市だった。一九世紀末にその座をシアトルに奪われたが、ポートランド港は、今でも全米有数のドックとして知られる。

ポートランド港の特徴は、河口から一三〇キロも遡った位置に港が設けられていることだ。往時から物流に河川を活用していたことが偲ばれる。

――この明るく開けた、長閑《のどか》でありつつ機能的でモダンな理想郷めいた街が、あのような陰惨な過去を秘めているとは、誰が思おうか。

水運の街だったことが仇となり、かつて残酷な犯罪が行われていたというのだが……。

暗い歴史をご紹介する前に、まずは春岐さんたち六人の小学生グループが体験した、とある出来事を綴りたい。

およそ一〇年前のこと。フロリダからポートランドに引っ越してきた春岐さんは、すぐにこの街が気に入った。オレゴン州は母の生まれ故郷で今までにも母方の祖父母を訪ねてきたことがあったから、土地に馴染みやすかったということもある。だが、それ以上に、編入した地元の公立小学校ですぐに遊び仲間ができたことが、当時、小学生だった春岐さんにとっては大きかった。

一般的にアメリカでは九月から新学年がスタートする。春岐さんがポートランドに越してきたのは春だったから、すぐに夏休みに入り、休み明けから小学五年生に進級した。

その頃にはすでに六人組の結束は固かった——五年生が始まったときには、転校生の春岐さんを迎え入れてくれた同学年の友だち五人と、毎日、放課後に集まって遊ぶようになっていたのだ。

春岐さんを含め、六人とも良くも悪くもエネルギーが有り余っているタイプの子ばかりだった。遊ぶときは、もっぱら外遊び。また、お気に入りの生徒を依怙贔屓《えこひいき》する厭な先生をとっちめてやろうということになり、その教師の椅子に画鋲を置いたこともあった。結局、六人全員、校長室に呼ばれて叱られることになったのだけれど。

誰がリーダーというわけでもなかったが、六人のうち、いちばんの悪戯っ子はエマ。エマと、その親友のオリヴィアが女の子で、あとの四人は男の子だ。リアム、ノア、春岐さん、そしてジョシュア。中ではジョシュアが大人しい方だった。若干、優柔不断なところがあったが、優等生で、やりすぎないようにみんなをまとめるタイプでもあった。

……あっという間に一年が過ぎた。

もうすぐ五年生が終わろうとしていた。春岐さんたちの小学校は、六月上旬から約一週間の短縮授業期間があり、その後、三ヶ月間の夏休みに入る。当時、この辺りでは、ほとんどの子たちが地元で長い夏休みを過ごしていた。

春岐さんは後に、映画『スタンド・バイ・ミー』を観て、あの頃の自分たちに似ていると感じたそうだ。スティーヴン・キング原作の『スタンド・バイ・ミー』の舞台もオレゴン州の小さな町だから余計に親近感を覚えた。もちろん、映画の少年たちのように家出をすることも死体を探しに行くこともなかったわけだが……。

この年の、夏休み直前の短縮授業期間中は、ジョシュアの家で集まることが多かった。六人の中で、ジョシュアの家がいちばん大きかったのだ。それに、前庭にバスケットボールのゴールがあった。また、使っていない自転車を何台も持っていて、貸してもらえた。他にもいろいろな遊び道具があった。

だから遊ぶには良かったのだが、ジョシュアの両親のことがみんな苦手だった。父親は働いているようすがなく、日中から家にいた。大柄で両腕が入れ墨だらけで目つきが鋭く、服装がだらしない——日本人の映画プロデューサーである春岐さんの父とは天と地ほども違い、他の子たちの親にも、ジョシュアの父のような、野卑なタイプはいなかった。

ジョシュアの母親もまた、あまり近づきたくない雰囲気の女性だった。

前庭で遊んでいると、いつの間にか玄関のドアを開けて戸口のところで腕組みをして、こちらを睨んでいることがよくあった。ジョシュアの家にはプールもあったが使わせてくれず、許可を得ずに自転車を借りてしまったときには、近所の人たちがようすを見に表に出てくるほど凄い剣幕で叱られた——ジョシュアは使っていいと言ったのに。

春岐さんには、ジョシュアが両親から尊重されていないように感じられた。自分もジョシュ

ア と同じひとりっ子だったからかもしれないが、自分の父や母が自分と接するときの態度と、ジョシュアの両親のそれとを、どうしても比べてしまった。そしてジョシュアの親たちのような荒っぽい言葉遣いや冷たい表情には、自分は到底、耐えられないだろうと思ったのだ。
そういうわけで、ジョシュアの家に遊びに行ったときには、いつも前庭や家の前の道路で遊び、家の中には滅多に入らないようになっていった。

あと二日で夏休みという日。もともとオレゴン州は過ごしやすい気候で知られているけれど、それにしてもその日は特別に清々《すがすが》しい素晴らしい天気だった。濃くて深い藍色がかった青空は、早く来いよと誘っているかのよう。

短縮期間中の授業は午前中でお終いだが、昼が来るのが待ち遠しかった。昼食後すぐに、いつものようにジョシュアの家に集まった。

午後二時頃からは、バスケットボールをして遊んだ。

三時を少し回った時分だろうか……。ジョシュアの母親が玄関ポーチに出てきた。

「おい、ジョシュア！　来い！　早く！」

毎度のことながら乱暴な口調に唖然としてしまった。春岐さんだけではなく、みんなシンと静まり返ってジョシュアの方を振り向いた。

「……厭だよ」

ジョシュアは珍しく抵抗を見せた。表情が強張っている。

「いいから来い！」

母親が苛立って声を荒らげた。今にも飛び掛かってきそうな形相だ。

ジョシュアが打ちひしがれたようすで、「わかった」と母親に応えた。そして五人の方を悲しそうな顔で振り返ると、母親について家に入っていった。

それからも五人でバスケットボールを続けた。

やがて一時間以上が経った。四時半になり、そろそろ帰る頃だと春岐さんたちは感じはじめた。

「ジョシュア、出てこないね。もう遊ばないのかな」

「どうしたんだろうね」

みんなで顔を見合わせた。

春岐さんは、「ちょっと見てくる」と言った。黙って帰ってしまったら、ジョシュアが傷つくだろうと思ったのだ。

「すぐ戻るよ」とエマやリアムに言い置いて、玄関から家の中に入った。

――暗くて静かだった。窓にシェードが下がっていて、灯りもひとつも点いていない。人の気配がまるでしない。

玄関から近い一階の壁に簡素なドアがあり、いつも前庭で遊んでいるときに窓から見えているドアだと気づいた。ジョシュアの母親が、ここから出入りしているところを見かけたことがあった。このドアを開けると階段があって、地下室に続いているはずだ。

そのとき、重くて鈍い音がドアの奥から響いてきた。バスッバスッと立てつづけに聞こえてくる。あまり耳にしたことがない、厭な音だった。

バスッ、ドスッ、ドシンッ……。何か胸騒ぎを覚えながらドアの前で立ち止まっていると、やがてその音に入り混じって話し声も聞こえてきた。低い声で囁き合っているような、あるいは、怒った犬が唸るような……。何を言っているのかまでは聴き取れないが、酷く不穏な感じを受けた。

突然、かたわらの窓がコツンと鳴って、春岐さんは思わずビクンと身体を震わせた。

「帰るよ。ママが送っていくって！」

窓の外からエマが叫んだ。

「わかった！　待って。今、行く！」

応えて外に飛び出した。エマの母親が車でピックアップに来ており、もうみんな乗り込んでいた。

出発する前に、ジョシュアの家の方を振り返った。

玄関にも窓にも人影はなかった。こうして見ると、まるで誰も住んでいない、空き家のようだ。そう言えば、ジョシュアの家の中も妙にがらんとして片付きすぎていたっけ……。

翌日は短縮授業の最終日だった。

――ジョシュアが来ない。

昨日まで元気だったのに急に欠席したので気になり、放課後、みんなでジョシュアの家に行ってみた。

「……誰もいないみたいだ」

いつもは開いているガレージのシャッターが下りていた。玄関ドアにも鍵が掛かっている。

春岐さんは、昨日耳にした奇妙な音と声を想い起こして、不安を覚えた。

「もしかすると旅行に行ったのかな？　昨日、ジョシュアのママがジョシュアを呼んだのは、旅行の準備をさせるためだったんじゃない？」

誰かがそんなことを言った。

そのときは納得できなかったが、夏休みの前半に何度かジョシュアの家を訪ねたけれど、いつも留守だったので、みんなそう信じるしかなかった。ジョシュアは両親と旅行中なのだ、と。

――でも僕たちに何にも言わずに行くだろうか。

胸の隅にモヤモヤが残った。春岐さんは、他の四人も本当はジョシュアが旅行していると一〇〇パーセント信じているわけではないだろうと思った。

九月になり、新学年が始まった。春岐さんたちは六年生に進級した。

学校でジョシュアの姿を探したが見当たらず、どうしたのかと思っていたら、先生が言った。

「ジョシュアについて、皆さんに話しておく必要があると思う」

春岐さんたちは顔を見合わせた。

「見てのとおりジョシュアは来ていない。ご両親の仕事の都合で、他の州に引っ越したんだ」

「どこの州の学校に転校したんですか？」

エマが訊ねた。

「……ニューヨークだ」

先生が答えた。この先生は陽気で冗談が通じる、愉快な男性教師なのだが、どうしたことか、今日はなんだか歯切れが悪い。違和感を覚えて、他にもいくつか質問したが、「先生も詳しいことは知らない」と言うばかりだった。

放課後、五人で集まり、ジョシュアについて話し合った。

「どうして何にも言わずに引っ越したんだろう？　僕たちみんな、仲間じゃないか……」

「急に決まったことだったのかもしれないね」

「残念だな。転校するなら、ちゃんと話してから行ってほしかったよ。これじゃ訪ねていくことも出来やしない」

悲しかったが、仕方がないと思うしかなかった。

「転校先で元気にやってればいいや」と春岐さんが言うと、みんなもうなずいた。


——それから数年が経った。

春岐さんは、父親の仕事の都合で中学一年生のときに日本に引っ越した。そして大学一年生の夏休み、一八歳のときに、久しぶりにポートランドに帰郷した。

それにあたって、春岐さんはあらかじめポートランドのエマ、オリヴィア、リアム、ノアと連絡を取り合い、みんなで通っていた公立小学校の先生方にもアポイントメントを取りつけていた。

懐かしい小学校に集合して、再会を喜び合った。小学五、六年生のときの担任教師も来てくれた。ジョシュアが転校したと告げた、あの先生だ。

しばらく想い出話やそれぞれの近況報告をし合ったが、やがて春岐さんはジョシュアのことに思い至った。

「ジョシュアって、今、どうしてるのかなあ?」

何の気なしに口にした疑問だったのだが。

たちまち先生の顔から表情が消えた。わずかな沈黙が漂い、おもむろに語られたのは……。

「申し訳ない。あのときは嘘をついた。教育委員会が話し合って決めたことで、ああ言うしかなかったんだ。……実は、あのときすでにジョシュアは死んでいたんだよ」

ジョシュアはダウンタウンにある《上海トンネル》で遺体で発見されていた。夏休みが始まって二〇日ぐらい後のことだという。亡くなったのはそれよりも前——春岐さんたちが最後にジョシュアと遊んだ日。あのすぐ後に彼は命を落としたのだ。

遺体は《上海トンネル》の奥にあり、見つけられたときには、相当、腐敗が進んでいた。

しかし夏休み中に検屍と身許確認が済み、ジョシュアであることが判明した。同時に死因も明らかになったが、教育委員会で討議した結果、子どもたちに衝撃を与えないために、学校では事実を伏せた——。

「お前たち、ジョシュアが父親から性的虐待を受けていたことを知っていたか？　ジョシュアは父親に首を絞められて窒息死したんだ。父親の指紋や手形が遺体に残されていた痕跡と一致したそうだ……。私が、もっと早く証拠を摑むことが出来ていたら、あんなことにはならなかったのに……」

ジョシュアの生前、先生は彼が親に虐待されていることを察していた。しかし何も証拠がなく、ジョシュア自身が告発することもなかったため、手出しできなかったのだという。

「虐待の事実は巧妙に隠されていた。ジョシュアが死んで、すべてが明らかになったんだ。彼の両親は事情聴取された後、逮捕された。夏休み明けには何もかも終わっていたんだよ」

――そう言えば、ジョシュアは「家に帰りたくない」と、時折こぼしていたっけ。家に帰る道すがら、足を震わせていたこともあった。

でも、そういうとき、「どうしたの?」と訊ねても、ジョシュアは、いつも上手にごまかした。賢いジョシュア。成績も良かった。心優しい、好い奴だった。

まさか虐待されていただなんて。そのうえ殺されただなんて、信じられない――。

その後、エマが《上海トンネル》についてインターネットで調べて、わかったことを教えてくれた。

まず、《上海トンネル》は、ダウンタウン地区にあるジョシュアの家からごく近い。

アメリカ全土の心霊スポットが紹介されているWEBサイトがあり、情報が州ごとに分類されていた。そこを見てみたら、オレゴン州の項目に《上海トンネル》が載っていて、そこに、九歳の《ジョシュア》という名前の幽霊が出ると書かれていたそうだ。

「同一人物かどうかわからないけど、名前が同じだし歳もひとつしか違わないんだよ。だから私は、あのジョシュアの幽霊だと思うんだ」

「僕もそう思うよ」と、春岐さんはエマに応えた。

先生から話を聞いて間もなく、五人で花束を携えて《上海トンネル》を訪れた。坑道の入口に花束を手向け、みんなで黙禱を捧げた。

それから、帰る道すがら、オリヴィアとノアが婚約したことを発表した。そうして、いつの間にか少年時代が終わっていたことを春岐さんは悟った。


この稿を起こすに当たり、ウィン春岐さんに〝seeks ghost〟〝Haunted Hovels〟他、二、三の英文資料を翻訳していただいた。

それによると、《上海トンネル》はポートランドのチャイナタウン地区からダウンタウン地区にかけて広がる一連の地下連絡通路網を指すのだという。

私は当初、一本の隧道《すいどう》を想像していたのだが、事実はまったく異なり、網の目のように繋がった合計約一五キロに及ぶ地下通路なのだった。

造られた年代は定かではないが、遅くとも一八五〇年代には使われていたとされている。

当時はゴールドラッシュの真っ只中で、ポートランド港からカリフォルニア州の金採掘場へ向かう船が盛んに出航し、水運物流が活発だった。そのため、ホテル、バー、店舗など諸施設の地下倉庫や地下階を繋げて、天候や交通事情に煩わされることなくスムーズに積荷を港まで運搬する地下通路網が、蜘蛛が巣を編むように規模を広げながら形成されていった。

これが《上海トンネル》だというのだが、「上海」の名を冠した理由は、中国人移民を強制的に労働させることで造られたことに加えて、ここが〝shanghaiing＝誘拐〟に使われていたからだとされている。

地元の郷土史研究家たちによれば、ゴールドラッシュ当時の船員不足を補うためにポートランドでは誘拐ビジネスが行われていて、誘拐の犠牲者を監禁したり運んだりするために《上海トンネル》が使われていたというのである。

街の至るところに誘拐の協力者がおり、バーなどに設置された落とし戸から犠牲者を地下通路に落としては、地下に設けた小部屋にひとまず監禁する。それを一人あたり五〇ドルで各船長に売るという悪のビジネスが、一八七〇年頃から一九一七年頃まで盛んに行われていた。一九四一年の組織摘発で完全に終焉するまでに、三〇〇〇人以上が人身売買の犠牲になり、地下に監禁される間に飢餓や暴力によって命を落とした者も多かったのだという。

犠牲者の多くは成人男性だったそうだが、監禁した人々の排泄物を世話するために雇われた少年もここで死んだのではないかと言われている——その少年の名前は《ジョシュア》。

奇しくも、親に殺されたジョシュアと同じ名前で、年齢はひとつ下の九歳。

現在、《上海トンネル》は全米屈指の心霊スポットとして有名で、ガイド付きの心霊ツアーが開催されている。坑道内のとあるエリアには、此の世と彼の世を繋ぐ出入口が存在すると言い伝えられており、通路を歩く幽霊の姿がよく目撃されるのだそうだ。

ここを訪れた人々の中には、首や肩に見えない手が触れるのを感じたり、怪しい足音や声を耳にする者も少なくない。

――《ジョシュア》は、訪問者の手をそっと握る少年の幽霊として知られている。

なお、拙作では通常、登場する人物は全員仮名とさせていただくのだが、ウィン春岐さんご本人のご希望もあり、春岐さんのお名前の一部とジョシュアのみ、本名で書かせていただいたことを付記しておきたいと思う。

――ジョシュアと《上海トンネル》で命を落としたすべての人の魂が、どうか安らかな眠りにつかれますように。

幽霊

日本の幽霊は中国思想に由来し、後に能が登場すると共に、此の世に出没するものとされるようになった。怨霊や異能の化け物の性質を持ったのは、近世に入ってからだという。

もしも死者がみんな幽霊になるならば、現世は立錐《りっすい》の余地なしといったありさまで、幽霊に埋め尽くされてしまうことだろう。

すべての生者は、死穢《しえ》が堆積した土地に咲いた花のようなものだ。

成仏、昇天、輪廻の発明、そして科学は、私たちに安寧をもたらした。お陰で無数の幽霊に怯えなくて済む……はずだった。

それなのに、どうしたことか、未だに幽霊は出てくるようなのだ。

「子どもの頃は視《み》えていました」と語る人の、なんと多いことか。

本当は、いるのではないか。

たとえば、あなたの後ろにも……。

峠道

静岡県富士宮市といえば、世界文化遺産・富士山や白糸の滝を思い浮かべる方が多いのではなかろうか。富士山の南の玄関口である富士宮市は、他にも富士山本宮浅間大社や富士五山、人穴富士講遺跡など多くの観光資源を有し、南部には市街地が広がっている。しかし、市街地周縁の丘陵地帯に点在する集落については、一般にあまり知られていない。

四〇代の介護職員、桧山健治さんは、富士宮市西部の丘陵地帯で生まれ育った。彼の集落は標高三〇〇メートル以上の山頂付近に位置し、全体に温暖な静岡県にありながら一二月初旬には冠雪する。山の麓からそこへ向かう峠道は、途中で耳抜きする必要が生じるほど高低差がある。集落と言っても、曲がりくねった坂道を延々と上っていった先に、互いに一〇〇メートル以上も間隔を空けながら四〇戸ほどの家があるばかりなので、よそから訪れた人には見つけづらいかもしれない。

近年になり、集落のそばに福祉施設や工業団地が出来たが、健治さんが子どもだった時分には、限られた隣人たちの住まいと展望台の他には何もなかった。商店も郵便局も役場も何もかもが、五キロ以上離れた麓にあるのだった。

小学校へは、二時間近くかけて麓まで峠道を下り、麓から公共交通機関の路線バスに乗って通った。山深い峠道は常に危険と隣り合わせだ。猪や熊が出るし、不法投棄を目的とする違法な産廃業者も時折、出没する。

丘陵は樹々に覆われていて、道から一歩それたら人目から逃れられる。自殺者の遺体が見つかることもある。知られざる事件も、起きているのかもしれなかった。森が口をきくわけではないので、バレずにいるだけで。

だから、集落の小学生たちには集団登下校が義務づけられていた。

中学生になると自転車通学が許された。それでも、麓まで下り坂になる行きですら四五分、帰りは一時間半もかかったが、急に行動半径が広がった。麓の町を訪ねるなら、集落の大人にとって自動車がそうであるように、子どもにとっては自転車が必需品なのだった。

健治さんも、中学生になると自転車で通学するようになった。

中学二年生の夏休みのこと。

彼の家は母子家庭でお世辞にも裕福とは言えず、夏休み中に旅行する習慣がなかった。幸い同い年の幼馴染、日野くんの家が比較的、近かった——少なめに見積もって二〇〇メートトルは離れているが、これでも二軒隣だ――ので、お互いに行き来して遊ぶことができた。

八月のある日、日野くんか健治さんか、どちらから提案したのかわからないが、中学生になってから出来た共通の友人、鈴木くんの家へ、一緒に遊びに行こうということになった。

鈴木くんは同じ中学の同級生で、麓の町に住んでいる。一学期に鈴木くんが「聖闘士《セイント》星《セイ》矢《ヤ》」のゲームソフトを買ったと話していたことを、二人ともしっかり憶えていた。任天堂の家庭用ゲーム機（ファミコン）は、その頃の中学生の間では人気があったが、専用のゲームソフトをたくさん持っている子はこの辺りでは珍しかった。鈴木くんは「聖闘士星矢」以外にも、これまで話題になったゲームソフトならたいがいのものは持っているようだった。

健治さんと日野くんは親から許可を取りつけて、自転車で鈴木くんの家を訪ねた。

鈴木くんも、あらかじめ家の人たちに、山の友人たちが遊びに来ることを伝えていたので、二人は思わぬ歓待を受けた。綺麗に整えられた部屋でジュースやおやつを貰い、ゲームもやり放題、最後には夕食と風呂まで供されたので、すっかり恐縮してしまった。

お陰で、鈴木くんの家を発つのが遅くなった。

夜の八時頃に鈴木家の門を出て、自転車を並べて峠道の入口まで走った。そこからは自転車を押しながら坂道を上ることになる（私が件の峠道を拝見したときの印象に沿うならば〝上る〟ではなく〝登る〟という字をあてはめたいところだ）。

鈴木くんの家を辞してから小一時間も経った頃、山の中腹に差し掛かったあたりで、示し合わせたかのように二人の自転車のライトが消えた。

「おっ……。桧山の自転車も電気が切れたか。俺のも、もう点かない」

「走らんとモーターが回らねぇから、バッテリーが上がったんだ」

「こんなこと初めてだ。学校の帰りに、何度もここを自転車を押して通ってるのに」

「いつもは明るいから気がつかないんだよ」

日没後の山の怖さは、よく知っていた。健治さんは、暗くなってから峠道を通るのは、誰かが運転する自動車に乗せてもらったときだけだったことに思い至った。

一〇〇メートルか、あるいはもっと離れているか……間隔を置いて街灯が立てられ、峠道を照らしている。ぎりぎり車二台がすれ違える道幅があり、蛍光塗料が塗られたセンターラインと歩行者用のラインが、仄かに白く光っていた。道はヘアピンカーブを繰り返しながら、集落へと続いている。

「暗いな」

「ああ。暗い」

そのうち、麓から数えて幾つ目かのヘアピンカーブの頂点を曲がり終えた。

「おい」

日野くんに肘で突かれるまでもなかった。健治さんはすでに、その女に視線を据えていた。スポットライトを浴びた舞台女優のように、その人物だけが闇の中から浮かびあがっていた。ある種の水母《くらげ》や茸《きのこ》のように発光しているかのようでもあった。

優に一五〇メートルは先だったが、女性だ、ということは判別がついた。丈が長くて裾が広がった夏向きのワンピースを纏って、次のヘアピンカーブの頂点に佇んでいる。

「……動いてるな」と、気味が悪そうに日野くんが囁いた。

女性は、髪を振り乱しながら、首を左右に激しく振っていた。

「キョロキョロしてるんだよ。誰かと待ち合わせしてんじゃないの？」

「桧山、本気か？　夜、こんな場所で女の人が誰と待ち合わせするっていうんだ」

「車で迎えに来てもらうところなんだよ、きっと……」

声をひそめて会話しながら歩くうちに、だいぶ近づいた。

——富士宮市の市街地には、この季節、こういう白っぽい袖なしのワンピースを着た観光客が溢れている、と、言えなくもない。肩にかかるほどの髪も、振り乱して尚、光沢があって美しく、都会から避暑地を訪れた女性といった風情がある。

「白い服だから光って見えるのかなぁ……」

健治さんが小声で言うと、日野くんに目を剝《む》かれた。表情が、そんなわけあるか、と、語っていた。

道を挟んだ反対側の端を、二人は通過した。

その間も絶え間なく女性は首を激しく振りつづけていた。

しばらくして日野くんが「あれって人だったのかな？」と健治さんに問いかけた。

「だから、待ち合わせしてる人じゃない？」

日野くんが、また目玉をひん剝いてみせた。そんなわけがあるだろうか、と、健治さんも内心では日野くんに同意していたのだが。

それから二週間後、もうじき夏休みが終わるという頃に、再び健治さんは日野くんと誘い合わせて、鈴木くんのうちを訪ねた。

そして、前回とまったくおなじ経過を辿ることになった——ゲーム、おやつ、夕食、お風呂——。

「どうもありがとうございました！」

「ごちそうさまでした！」

玄関で深々と頭を下げた二人を、鈴木くんの母は「また、いつでも遊びにいらしてくださいね」と、送り出した。

時刻も同じ、八時頃だった。峠道で自転車を押しはじめるとすぐに、日野くんが話しかけてきた。

「今夜もいると思う？」

厭なことを言う、と、健治さんは思った。「そんなわけないよ」

しかし、この前よりも峠道の上の方で再び同じ女性に遭遇した。しかも今回は二人が歩いているのと同じ、道の左側にいた。

今度は二人とも、前を通り過ぎるまで、口をきかなかった。

健治さんは接近するにつれて顔を伏せて、急ぎ足になった。

女性から距離を取るために、車道の方に膨らんで歩いた。日野くんも同じようにするのがわかった。

女性はまた、首を左右に振っている。視界の端で黒髪が躍り、ワンピースの裾が仄かに光りながら揺れた。

通りすぎてしばらくすると、日野くんが「あれって人なのかな……」と、独り言のように呟いた。

健治さんは、普通の女の人だと思いたかったので、黙っていた。

その女性は、その後は一度も姿を現さないまま、今日に至るのだと健治さんは私に話した。

では、彼女に少しも憶えがないのかというと、そうではなく、二学期が始まって間もなく、登校する際に、沈んでいた気泡が浮かびあがるようにして、ある記憶がぽっかりと蘇ったのだという。

健治さんは、小学一、二年生の頃、集団登校の朝に、泣きながら坂道を上ってきた女の人とすれ違ったことがあった。

肩にかかる綺麗な髪。白っぽい避暑地風のワンピース。……どれも見覚えがある。

そう、あれも夏のことだった。夏休みの直前か直後か、そこはもう記憶が曖昧なのだが、早朝の峠道に陽射しが溢れていた。

二〇歳前後だろうか。若い女性だった。集落の住人ではない。

その人は、声をあげて泣いていた。

集落の小学生が家を出発するのは午前六時。そこ——峠道の中腹まで歩くのに、三〇分ほどかかる。

早朝の峠道を、いったいどうして独りで歩くことになったのだろう。

幼い子どものように泣きじゃくる女性を目の当たりにして、健治さんたち小学生らは急に蓋をされたように沈黙してしまった。

思い返してみたら、あの人はハンドバッグひとつ持っていなかった。靴も、履いていたかどうか……。裸足だったのではないだろうか。

その日、近所に若い女のお客さんがあったという話は聞いていない。峠道の上には集落と、あとは空しかないというのに。

健治さんは後悔しているのだという。声を掛ければよかった、と。

あの夏の朝なら、彼女は確かに生きていたのに、と。

心霊ビデオ

田町将也さんは大学に入学するとすぐ、レンタルビデオ店でアルバイトを始めた。まだビデオテープが主流の頃のことで、一昨年に『リング』というホラー映画が大ヒットした影響もあって、いわゆる〝心霊ビデオ〟のリリースが相次ぎ、レンタル率も高かった。

そのお客も、つい先日この店で心霊ビデオを借りていた。「本当にあった」とか「恐怖の」という冠言葉の下に「心霊動画」や「心霊映像」と繋げたタイトルの作品だ。

「こないだこれを借りたんですけど、ノイズが入るんです」

――クレームだ。

将也さんはその客を咄嗟に観察した。たまに性質《たち》の悪いクレーマーがいるのだ。客と揉めないようにしろと指導されていたが、同時に、悪質なのは記録してスタッフ全員で情報を共有することになっている。

――よかった。普通の人みたいだ。

素朴な雰囲気の、若い女性だった。自分と同世代だろうか……。青いデニムのパンツにシンプルなTシャツを身につけ、薄手のカーディガンを羽織っている。髪型や化粧にも派手なところはなく、柔和な表情をしている。

「テープに傷が無くても、たまにビデオデッキの調子などで画像が乱れることがあるんですよ。ノイズの位置を確認しますので、ちょっとだけお付き合いいただけますか？」

「……はい。わかりました」

女性は素直にうなずいた。

「ありがとうございます。すぐに済みますので」

将也さんはカウンター越しに受け取ったテープをすぐ後ろのビデオデッキに入れた。再生ボタンを押すとかたわらのモニターに画像が映しだされた。

女性から画面が見えるように、将也さんは少し横に退いた。

ビデオが始まった。派手なキャプチャーとナレーションの割に映像は印象が薄く、編集は素人っぽく、画質も良くない。

この種の無数とも思えるほど制作されている心霊ビデオにも、稀に傑作があって、この店のスタッフの間でも評判になってPOPを作ったり、雑誌などにレビューが載ったりすることがあるが……これはどうやらB級、いや、C級以下の凡作のようだと将也さんは内心、苦笑しながら画面を眺めた。

「少し早送りしますね」将也さんはリモコンを操作してビデオを早送りした。急いですると間もなく、「あっ、もうすぐ……」と女性がカウンターに身を乗り出した。急いで通常再生に戻す。

暗い画面の端に小さく、白っぽい人影が映っている。制作者の意図としては、これを幽霊だと思わせたいらしい。思わせぶりにカメラが徐々にズームして〝幽霊〟に寄っていく。

アップになったところで、白い横線がザーッと画面いっぱいに流れた。

「ここですね」と将也さんは言って、停止ボタンを押そうとリモコンを構えた。

ところが、まだ何もボタンを押さないうちに、再生機からカセットが吐き出されてきた。

「あれっ……おかしいな……故障したみたいだ……」

カセットを引き出すと、磁気テープがズルズルと出てきてしまった。奥で何かに引っ掛かって絡まってしまっているのだ。

「わぁ、参ったなぁ！　すみません！　レンタル料をいただいているので、代わりのビデオをお貸し致します。同じ作品があるかどうか、確認してまいります」

店のきまりに従って、将也さんは補償を申し出たのだが――。

「いえ。結構です！」

妙に強い口調で断られた。

「え、でも、代金が……」

「損になっても構いません！　もういいです」

なんだか、やけにきっぱりと拒絶されてしまった。

呆気に取られていると、女性は彼に背を向けながらカウンターから離れた。一瞬、来たときとは別人のような冷たい横顔が目に入った。

その唇が、動いた——声を出さずに「よかった」と呟いたように見えた。


将也さんは、この夜、店から自転車で下宿へ帰る途中で、手酷く転んであちこち擦り剝いてしまった。何もないところで、なぜかいきなり車輪がスタックして転倒したのだ。

変なこともあるものだと思いながら、慌てて自転車を点検した。

自分の怪我よりも自転車が気になったことにはわけがあって、これは下宿のすぐ近所に住む大学の友人から貸してもらっていた自転車だったからだ。幸い壊れていないようだったが、夜道でザッと見ただけではわからない。すぐに返しに行って、友人に謝った。

「ごめんね、さっきコケちゃったんだ。キズや不具合を見つけたら、弁償するから教えてね」

それから二、三日して、大学のキャンパスでこの友人に呼びとめられた。てっきり弁償を求められるのかと思った。

しかし違った。

「なあ、おまえさぁ……こないだ俺の自転車で、誰か轢いた？」

驚いて、どういうことか訊ねると、車輪が少し引っ掛かるのでよくよく調べてみたところ、チェーンに長い髪の毛が何本も絡まっていたのだという。

霊感封じ

小学校を卒業するまで、小山隆一さんは群馬県某市の市営団地に住んでいた。両親が、団地竣工後の第一次入居者募集に応募して抽選で当たり、引っ越しとほぼ同時に隆一さんが生まれたのだ。彼が両親から聞いたところでは、八〇年代に差し掛かったばかりのその頃は、隣近所もみんな似たような状況だったそうだ。

確かに、隆一さんは物心ついたときからずっと、大勢の団地の子どもたちと集まって遊んでいた。五歳にもなると、団地中のどの家の子も親もだいたい顔を知っていたし、それはお互い様なのだった——隆一さんのうちは〝双子のお嬢ちゃんのうち〟として近所でよく知られていた。と、いうのも、隆一さんが五つのときに双子の妹が生まれたからだ。

いちばんの仲良しは、ひとつ年下のみっくん。双子の妹たちよりも、みっくんと長い時間、一緒に過ごしているんじゃないかと思うほどの大親友だった。

みっくんの家は、両親と、ひとつか二つ上のお姉さんがいる四人家族で、みっくんはよくお姉さんと留守番をさせられていた。母親が繊維工場にパートタイムで勤めていたから。

〝みっくんちのおばさん〟と言ったら、この辺りの人たちは、真っ先に紫色のエプロンを思い浮かべた。

それはもう途轍もなく鮮やかな紫色のエプロンで、なぜかおばさんは常にそれを着ていた。痩せぎすで髪をショートカットにしていて、もしかすると美人だったかもしれないと後に思ったものだけれど、当時は、とにもかくにも紫のエプロンの人、なのだった。

みっくんは、生まれつき色素が薄い感じで、髪や瞳が淡い茶色をして、肌の色も白かった。色白で可愛らしい男の子だったと思う。でも、隆一さんが、みっくんについて、ごく初期にインプットした情報は、ブランコで顔を打って、鼻血を出したこと。

隆一さんの両親の寝室から、団地の公園を見下ろすことができた。

家は四階にあり、公園は窓のほとんど真下だった。よくそこから公園を見て、友だちがいると急いで遊びに行ったり、逆に、誰もいないと遊びに行くのをやめたりした。

部屋は、その他に四畳半の子ども部屋と六畳のリビングルーム、それから四畳半のダイニングキッチンがあった。

数え切れないほど訪れた、みっくんの家も似たような間取りだった。長閑な時代だったから、みっくんの家も隆一さんの家も、ドアに鍵をかけていなかった。

八歳の、五月頃のことだ。夏日の午後三時、学校から帰ってきてすぐ、公園のようすを見に両親の寝室に行くと、部屋の隅にいつものエプロンをつけたみっくんちのおばさんがいた。

「なんでこんなとこにいるの？」と、隆一さんはおばさんに訊ねた。

「おかあさんに会いに来たの？」

いつものおばさんなら、こちらから質問するまでもなく、訊いていないことまでもペラペラと喋るだろうと思うのに、このときは、黙ってうなずくだけだった。

少しようすが変だ。そう思いながら、リビングルームに駆けていって、隣のダイニングキッチンにいる母に「みっくんちのおばさんが来てるよ」と伝えた。

「え？　どこに？」

母は怪訝そうな顔をした。

「こっちだよ」

隆一さんが寝室の方へ引き返すと、母は後ろについてきた。

「……あれぇ？」

両親の寝室に、紫のエプロン姿を探したけれど、もういなかった。

「さっきまでいたんだよ」と、隆一さんは母を振り返った。

母は困惑した面持ちで、「みっくんちのおばさんなんて、来てないよ」と言った。

「でも、いたんだよ……」

言い返しながら、隆一さんは、またか、と、ちょっと思った。

ごく幼い頃から、彼には不思議な能力があった。たとえば道を歩いていると、進行方向にある路地からもうじき現れる人たちの姿が見えることがあった。たとえば「あそこの角から大勢出てくるよ」と、予見して、一緒に歩いていた母に教えた五秒後に、企業研修か何かの帰り道の男女の集団がぞろぞろ現れるわけである。当然、驚かれるが、「なぜわかったの？」と訊ねられても、隆一さん自身にも説明がつかないことだった。

ただ、わかるし、視えてしまうのだ。

自動車通勤している父が、夜、仕事から帰ってきて団地の駐車場に到着したら、それもわかった。隆一さんのうちがある棟は駐車場から遠くて、エンジンの音が聞こえるわけでも、車のヘッドライトが部屋から見えるわけでもない。しかし、隆一さんの頭の中には、車を駐車している父の姿が鮮やかに映るのだ。

みっくんのおばさんは、その後、普通に生活していた。なぜ隆一さんの前に突然現れたのか、まったくわからなかった。

それからしばらくして、両親が車を買い替えた。母は、団地の近所にある神社で交通安全祈願をしてもらうことにした。その日、隆一さんは学校が休みで、家にいたので、母は神社に隆一さんを連れていった。

神主さんが交通安全祈願の御祈禱をしている間、隆一さんは手持ち無沙汰にしていた。早く終わらないかしらと思って待っていると、ふいに、神主さんがこちらを向いて、しげしげと隆一さんの全身を観察したかと思ったら、

「あの子は誰ですか?」

と、母に訊ねた。

「あれはうちの息子です」

「……特別な子だから祈っておこう。坊や、こっちに来なさい」

隆一さんがそばに行くと、母が神主さんに、「前々から不思議なことを言う子だったんです」と相談しはじめた。

「実は、つい先日も、この子のお友だちのおかあさんが急に家にいると言いだしまして……。見に行くと、いませんでした。来ればわかったはずですし、その後、その人に会ったときにうちに来ましたかと訊いたら、行ってませんよ、と……。夫が帰宅する時間を当てたり、少し先に起きることを言い当てたり、そんなこともしょっちゅうです。この子は何か普通じゃないんでしょうか?」

母の話は、堰を切ったかのように止まらなかった。隆一さんは母の〝決壊〟に啞然としたが、すぐに母が「誰かに聞いてもらいたいと思って、悩んでいたんです」と告白とも弁解と

もつかないようすで神主さんに言ったので、子どもながらに「なるほど」と理解できた。

「この前の、お友だちのおかあさんが私どもの寝室にいると申したときには、本当に気味が悪く感じました。死んで化けて出たのかと思うじゃありませんか？　でもその女性はピンシャンしてたんですよ。生霊というものでしょうか？　怖いですよ。何か、私たち夫婦について考えていたから魂だけ飛んできたのかと思うじゃありませんか……。裏表を感じさせない善い人なんですけど、だからよけいに恐ろしくてたまりません。それもこれも、この子が視えてしまうせいなんです……」

近くで見ると、神主さんはお年寄りで、優しそうな顔をしていた。何度か診てもらったことがある小児科のお医者さんや校長先生を想い起こしたが、瞳の奥に怖いものを潜めている感じがして、じっと見すくめられると隆一さんは身動きが取れなくなった。

「これから頭が良くなるおまじないを掛けてあげよう。大丈夫だから、安心して、そこに正座しなさい」

親切な気持ちが伝わってきたので、隆一さんは逃げ出さずに我慢することができた。

それから、頭の上で幣束《へいそく》を振り回されたり、紙の〝ひとかたしろ〟で頭や身体を撫でられたりした。

「かけまくもかしこき、いざなぎのおほかみ、つくしのひむかのたちばなのをどのあはぎはらに、みそぎはらへたまひしときに、なりませるはらへどのおほかみたち、もろもろのまがごとつみけがれ、あらむをば、はらへたまひきよめたまへと、まをすことをきこしめせと、かしこみかしこみまをす。たかあまのはらにかむづまります、かむろぎかむろみのみこともちて、すめみおやかむいざなぎのおほかみ、つくしひむかのたちばなのをどのあはぎはらに、みそぎはらひたまうときにあれませる、はらへどのおほかみたち、もろもろまがごとつみけがれを、はらひたまへきよめたまへとまをすことのよしを、あまつかみくにつかみ、やほよろづのかみたちともにきこしめせと、かしこみかしこみまをす……」

唱えられた祝詞《のりと》は、魔法使いの呪文のようで意味がわからなかった。最後に神主さんは墨を磨って筆で和紙にさらさらと何か書き、それを母に渡した。

「これを御守にすると良いでしょう。肌身離さず身につけさせてください」

そこで、家に帰ると、隆一さんの母はさっそく小さな袋を縫い、神主さんがくれた紙を畳んで容《い》れた。翌日から隆一さんは、その御守を紐で首から下げて登校させられた。

それからは、不可思議なものが頭に映じることはなくなった。

御守は、体育の前に着替えをするときなどに、友だちに見られると恥ずかしかった。

初めは気にしていなかったが、高学年になるに従い、羞恥心を覚えるようになり、次第につけなくなっていった。

そして中学校の入学前に引っ越したときに、ついに失くしてしまった。

みっくんともお別れをして、隆一さんは東京で中学生になった。両親が買った一戸建ての家に住むようになり、双子の妹たちとは別に、自分だけの部屋を与えられた。

東京のアパートで一人暮らしをしていた二五歳のとき、夜になると人の気配が部屋に現れるようになり、怖くて帰れなくなった。

断じて気のせいではなく、日が沈むと室内に冷気が満ちて、悪意のある視線を感じ、見知らぬ誰かの気配が濃厚に漂うのだ。

妹たちも実家から独立して、近くの賃貸マンションに住んでいたので、とりあえずそこに逃げ込んだが、着替えを取りに行っただけでも恐ろしくてたまらず、母に相談した。

すると間もなくA４サイズの御札が母から送られてきた。

《隆一へ　神社へ行ってきました。昔、御守を首から下げていたでしょう？　この御札は、あの御守の中身と同じものです。神主さんに新しく書いていただいたの。御札の代金一万円は私が立て替えました。効果が無かったらまたお祓いしてもらいましょう。　母より》

一筆箋の添え状を読んですぐ、隆一さんは母に電話した。

「おかあさん、ありがとう。あのときの神社に行ってくれたんだ？」

「そうよ。せっかく貰ってきたんだから、身につけてちょうだい」

隆一さんは、御札をクリアファイルに挟んだ。寝るときは枕の下に敷き、出勤のときも鞄に入れて持っていくようにしていたら、怪しい存在を感じなくなり、自分のアパートに戻ることができたのだという。

——魔が祓われたのか、彼の霊感が封印されただけなのかわからないが、神ならぬ身にとっては霊を感じないことこそが幸いなのかもしれないと思う。

兄貴の心霊写真

《川奈先生、御著書いつも拝読しています。僕の家には心霊写真があります。兄貴が人を殺したあと、保釈中に実家で持ち物を整理していて見つけた写真です。初めは確かに、何かわからない円いものが写っているだけだったのに、それが一年後には人の顔に変化していました。
その写真を持っているだけで、僕の周りに霊がまとわりつくようになりました。封印してあるので実物をお見せすることはできないのですが、これに関する体験を聞いていただけますか？》
野村俊生さんの兄、直喜さんが交通事故を起こしたのは、俊生さんが一六歳のときだった。
八月のある日、両親の車を借りて長野の実家から千葉の浦安まで独りでドライブに行った折に、対向車線を走っていた車と衝突し、相手側の運転席にいた男性は即死、助手席に乗っていた女性にも重い後遺症が残る重傷を負わせたのだ。被害者二人は婚約者同士だった。当時、直喜さんは二一歳で、成人として裁かれ、逮捕から留置、そして数ヶ月間の拘置所入りを経て保釈された。

――俊生さんが直喜さんから心霊写真を見せられたのは、保釈期間中のことだった。

そのときは、俊生さんと一九歳になる姉の巳緒さんとで、実家で直喜さんが自室を片付けるのを手伝っていた。

直喜さんは、保釈後、近所でアルバイトしながら簿記資格試験の受験勉強をしていた。いずれ実刑を受けることが確実視されていたので、刑務所に収監される前に出来ることをしておきたいと言っており、持ち物の整理もそのうちのひとつだったのだ。

俊生さんは、兄貴は刑務所から出た後は家に帰らないつもりでいるみたいだ、と、思って切なかった。

まさか自殺するのではあるまいか、と、心配になる。

直喜さんを襲った悲劇は、自らが惹き起こした事故の件だけではなかった。先月、友人をひとり、オートバイの単独事故で亡くしていたのだ。

そのとき直喜さんはすでに保釈されて自宅にいたが、先方から悪い友だちと思われたようで、葬式に呼ばれなかった。後で線香を上げに行ったようだが、あまり歓迎されなかったらしく、その後しばらく落ち込んでいた。

俊生さんは悲しい気持ちで、巳緒さんと一緒に、直喜さんに指図されるまま、兄の衣類や雑貨の類《たぐい》を次々にゴミ袋に放り込んでいた。

直喜さんがこのとき行いたかったのは持ち物を減らすことによる一種の禊《みそぎ》だったのかもしれないが、俊生さんには兄が生への執着を失くしているように感じられた。

やがて直喜さんは、アルバムに収めそびれた紙焼き写真の束を持ってきた。

「大切なのだけ取っておこう」と、独り言だか何だかわからない呟きを漏らしながら胡坐《あぐら》をかくと、床に写真をぶちまける。

俊生さんと巳緒さんは写真の山に吸い寄せられるように兄のそばに行ってしゃがんだ。

事故を起こすまで通っていた専門学校の仲間や、高校時代の同級生と直喜さんが並んで写った写真が多かった。

直喜さんは普通自動車の免許の他に、いわゆるバイクの中型免許も取得していて、高校の頃からコツコツ貯金してきた金で二五〇ccのオートバイを買って乗りまわしていた。彼の友人にもバイクに乗る者が多かったから、ツーリング中の記念写真がたくさんあったのだ。

車の事故で人を死なせてしまってから、直喜さんはオートバイを手放した。かろうじて生き延びた女性も、婚約者を失ったばかりでなく、半身不随になってしまったという話だ。愛車を手放そうが刑務所に何年入ろうが、また、その後の人生について何事か兄が決意したとしても、被害者を救うことにはならない。それでも何かせずにはいられない兄の気持ちは、俊生さんにも痛いほどわかった。

「あ、これ、富士急ハイランドだ」と、一枚の写真を手に取って、巳緒さんが言った。

「このジェットコースター、私も乗ったことがある。いつ行ったの?」

「……事故の三ヶ月くらい前だな。同じときに撮った写真で、木村が写ってるのを俊生に見せたよ。憶えてるか?」

急に矛先を向けられて、俊生さんはヒヤリとした。「木村」というのは、例の先月、亡くなった兄の友人の名前だと知っていた。それに、その写真についても記憶している。

「うん。ちょっと変な写真だったよね」

「そうだ……考えてみれば、あのときから何かおかしいんだ。木村も先月バイク事故で死んだし……。僕の事故も本当に奇妙だった……何にもしていないのに突然ドリフトして、あんなことに……」

ぶつぶつと呟きながら、にわかに必死の形相になり、写真の山を掻き混ぜるようにして問題の一枚を探しはじめた兄を、俊生さんは見守ることしかできなかった。

直喜さんがバイク仲間五人と富士急ハイランドに遊びに行ったのは五月の連休中のことだった。全員二〇歳前後で、マナーの良いバイク乗りばかりだった——直喜さんを含め、暴走行為など危険運転をするような輩ではなかったのである。

五人は富士急ハイランドの駐車場にオートバイを置いて、夕方近くまで遊園地で遊んだ。

到着して間もないときに、仲間の一人が持っていた使い捨てカメラで記念撮影をした。その後も何枚かスナップを撮ったが、全員が並んで写っているのは、そして、亡くなった木村さんが写っているのは、最初に撮った一枚きりだった。

まだ人を死なせる前の、明るかった兄にその写真を見せられたことを、俊生さんはつぶさに憶えている。

「こないだの富士急ハイランドの、友だちがわざわざ紙焼きして送ってくれたんだけど、中に一枚、心霊写真があった。見たいか？」

そう言いながら、直喜さんの顔は笑っていた。心霊写真を手に入れたことを面白がっているのだった。子どもの頃から、俊生さん、巳緒さんと一緒に、心霊写真を扱ったテレビの心霊特集番組をよく見ていたが、まさか自分が持つことになろうとは、と。

俊生さんも、はしゃいだ。「うん！　見せて！」

しかし、もったいをつけて見せられた紙焼き写真は、拍子抜けするものだった。

「な？　僕のお腹のところに、なぜかヘルメットのラインみたいなのが写ってるだろう？それと木村……あ、こいつ木村っていうんだけど、ほら見ろ！　こいつの腹のところに何か円い球みたいなのがあるだろう？」

「……このラインは、手ブレしたんじゃない？　だって兄貴のヘルメットと同じ柄じゃないか。あと、こういう円いのは、ときどき写るよ。レンズに水滴がついていたか、ハレーションを起こしたか何かで」

「ええ？　でもさ、この円いやつ、よく見ると肌色をしてるじゃないか。不気味だよ！　それにさ、よく見ると、後ろの植え込みにも白い球がたくさん写ってる。こういうのって、オーブって言うんだぜ……」

「へえ。本物の心霊写真だったら凄いけどさぁ……」

俊生さんは苦笑した。

直喜さんを入れて六人の若者が、そろって暢気な顔を並べている写真である。直喜さんと木村さんだけがベンチに座っていて、残りの四人はその後ろに立っている。通行人にカメラを渡して、撮ってもらったのだろう。

おどろおどろしい雰囲気は微塵もない、ひたすら楽しげな一枚だった。

——ところが、やがて直喜さんが「あった」と言って、探し当てたその写真は明らかに禍々しく変化していたのである。

「これ見てくれよ。こんな写真だったっけ？」

ひと目見て、うなじに氷を当てられたような寒気を覚えた。

死んだ木村さんの腹の辺りにあった円い球が、人間の顔に変わっており、生首を抱いているかのようになっている。

また、六人の背後の植え込みに点々と写っていた小さな白い球も、三〇ほどあるのが、すべて肌色の顔に変わっていた。

そのとき、姉の巳緒さんが脇から覗き込んで、ひと声、甲高く悲鳴をあげると頭を抱えてうずくまった。

「本物だったね」と、直喜さんが言って、ケタケタと箍《たが》が外れたように笑い声を立てはじめると、俊生さんも耐え難くなり、巳緒さんを介抱する振りをして二人で廊下に逃れた。


その後、巳緒さんは情緒不安定になってしまい、精神科に通院しはじめた。心身症だという診断を受け、睡眠薬なしでは眠れないと俊生さんにこぼした。鬱症状もあるようだった。

また、同じ頃に、父が詐欺に遭った。裁判を起こしてみたものの、奪われた金を取り戻すことは出来そうにないと言って、両親が嘆いていた。

俊生さんには、不幸が偶然重なっただけとは思えなかった。直喜さんの心霊写真が諸悪の根源であるような気がした。

直喜さんも同じことを考えたようで、知り合いの伝手を頼って霊媒師を紹介してもらい、例の写真を持っていった。

そして写真の除霊とお焚きあげを依頼したのだが、霊媒師は「これは危なすぎて、私には祓えない。焚くこともできない」と言って、除霊できない代わりに封印しようと提案したのだという。

俊生さんは、帰ってきた直喜さんから、弁当箱ほどの大きさの、蓋がついた桐の箱を見せられた。

箱の蓋には御札が貼られ、さらに上から十文字に赤い紐が掛けられていた。

写真は封筒に納め、そこにも御札を貼ったとのことで、

「かなりヤバい写真だったみたいだ」

と、直喜さんは言って、それを自室の箪笥《たんす》にしまった。

箪笥は、ほとんど空になっていた。直喜さんは自分の服を必要最小限だけ残して、あとはみんな処分してしまったのだ。

それから半年ほど後、直喜さんは刑務所に入った。過失運転致死傷罪で初犯だが被害者が二人いて内一人を死に至らしめたこと、残る一人の被害も甚大なことなどから執行猶予はつかず、懲役六年の実刑判決を受けたのだ。

直喜さんがいなくなってから、俊生さんの家では奇怪なことが頻発するようになった。

食器棚にしまわれていた直喜さんの御飯茶碗が真っ二つに割れていた。

廊下を小さな子どもが二、三人、追いかけっこをするかのように走っていく足音がしたが、

見ると誰もいない。

無人の廊下から、ふいに襖《ふすま》が叩かれる。

台所の棚の扉が勝手に開く。

——こうした現象も直喜さんの心霊写真と結びつけてしまう俊生さんだった。彼は高校を卒業すると同時に他県の企業に就職し、逃げるように家を出た。姉の巳緒さんも、彼に遅れること一年後に就職して社宅に移った。

不思議なことに、巳緒さんは実家から離れた途端に精神状態が安定し、心身の健康を取り戻した。

一方、住んでいるのが両親だけになっても、彼らの実家では怪異現象が収まらなかった。

やがて兄の直喜さんが出所してきた。が、出所から一五日目に友人たち数人とドライブに行って交通事故に巻き込まれ重傷を負った。顔面の裂傷の他、複数ヶ所を骨折し、酷い傷痕と後遺症が残った。

この事故のせいで、直喜さんは、例の心霊写真がきちんと封印されているのか疑問を抱いたようだった。

退院後、彼は桐の箱ごとあの写真を実家から持ち出して、信頼の置ける神社でお焚きあげしてもらった。

また、それでも尚、実家での諸々の現象が止まなかったので、俊生さんが両親と話し合って浄霊を能《よ》くすると定評のある某寺院の住職を家に招き、近々、お経をあげてもらうことにしたのだという。

《川奈先生にお話を聞いてもらってからも、実家のポルターガイスト現象は続いています。でも父も母も慣れっこになってしまったから、祓わなくてもいいと言っています。両親は健在で、父もあれ以降は詐欺などに遭うこともなく、仕事も順調です。ちなみに兄貴はその後、結婚して、怪我の後遺症はありますが、奥さんや子どもと元気にやってます。姉も僕も元気です。実家に憑いているものは、兄貴の心霊写真とは関係ないものなのでしょうか。いずれにしても心霊写真はもう懲り懲りです》

女

当時一八歳になったばかりだった鈴木芳樹さんは年齢を二〇歳と偽って、新宿のホストクラブで働いていた。店の近くのアパートを同い年の同僚と家賃を折半して借り、二人で住んでいたが、酔いつぶれて店内で眠ってしまうことも多かった。すると、目を覚ました途端に店の掃除をするはめになった。すると、掃除が済んでもアパートに帰らず、そのまま店で開店の時刻までだらだら過ごすことになりがちだった。

アパートを共有している同僚とは、お互いに「ヨシキ」「カズヤ」と源氏名で呼び合いながら仲良くやっていた。

法律ではまだ飲んではいけないことになっている酒を飲んでいる者同士、新米ホスト同士、同病相憐れむといったところで、深い話はしなかったが、気持ちは通じ合っていた。

店に来る女性客は二〇代、三〇代の性風俗嬢が多く、若いヨシキこと芳樹さんとカズヤのウケは悪くなかった。

隠しても隠しきれない初心《うぶ》なところが可愛いと思ってもらえるようだった。相棒のカズヤの方が女慣れしていて、器用に金を引っ張っていた。芳樹さんはカズヤを羨ましく思いつつ、女性に恨まれるのが怖くて、金を出させる段になるとどうしても遠慮がちになった。

女性の恨みを恐れた理由のひとつは、勤めているホストクラブに女の幽霊が出ることにあった。

働きだした頃、芳樹さんは店で居眠りすると必ず赤いワンピースを着た女の夢を見ることに気がついた。

普通の夢は、目が覚めると「夢を見た」という曖昧な感触だけを残して、あらかた内容を忘れてしまうものだが、このホストクラブで眠ったときに見る夢は、起きても消えなかった。むしろ日増しに赤いワンピースの女の像に細部が描き足されて、リアリティが増してくるのだ。

しかも、ここで眠れば必ず同じ夢を見た。

この店で寝た場合に限っては、夢を見ずに眠るということがないのである。

夢に出てくるのは毎回、同じ女性で、身に着けている衣裳にも変化はなかった。真紅の袖なしワンピースをうまく着こなしているようすから推して、店の客に多い、夜の女のような気がする。髪や肌の瑞々しさから、歳が若いことも察せられた。二〇歳は超えていようが、二五に届かないかもしれない。

綺麗な女だな、と、芳樹さんは思った。だからそんなに怖くはないが、何度も見るうちに不思議な気がしてきて、カズヤに打ち明けてみたのだった。

すると驚いたことに、カズヤも同じ夢を見ていた。

そこで二人で先輩のホストに相談したところ、先輩は新人二人がいつ言ってくるか待ち構えていたといったようすで、「おまえらも?」と言った。

「この店にいるホストは全員それ見てっから。夢で見るのがほとんどだけど、実際に視える奴もいる。霊感があると視えるらしいよ」

先輩によると、赤いワンピースを着た美人の幽霊が店に取り憑いているとのことだった。

「もう辞めちゃったけど、前にいた視えるのに聞いたところでは、朝だろうが昼だろうが、その幽霊はずっとここにいるんだってさ。店から出ていくことはないみたい。おまえらは霊感なさそうだから、ここで居眠りしなけりゃ大丈夫。ま、視えても平気だ。俺はちょっとそれっぽいのを視ちゃったことがあるけど、だから何?　って感じだった。すぐ慣れるよ」

「ですよね」とカズヤが相槌を打った。

「じゃあ、全然怖くないですね」

カズヤは笑顔だった。けれども、芳樹さんはこれには同調できなかったのだ。

赤い女がこの店に憑いている理由を想像しないわけにはいかなかったから。

カズヤの方が怖がりそうなものだった——日頃、客に対して使う手練手管、息をするように嘘を吐《つ》くことなどを思い浮かべたら。もちろんカズヤは、そんなものは省みない。だから自分よりもずっと上手くやれているのだ、と、芳樹さんにはわかっていた。

芳樹さんは、ホストになってから、一日が二四時間ではないように感じていた。たぶん、この店が真夜中の零時に開店して朝の七時に閉店するからだろう。店で眠り込んでしまうと、余計にわけがわからなくなって、昨日も明日もない、薄暗い時間が濃淡をつけながら永遠に繋がっているような心地がした。

カズヤは、日増しにホストらしくなっていった。客を追い込んで店で散財させるのがますます巧みになり、店の外でも貢がせるようになった。顔つきが大人びて性的な魅力を増し、近頃では、いっぱしの悪い男に見えないこともなかった。

カズヤとは対照的に芳樹さんは入店したときから良くも悪くも変わらずにおり、自分はあまりホストに向いていないと自覚しはじめた。

真夜中に始まって日が昇ると終わる日々にも、徐々に疲れてきた。

昼近くなってもアルコールが体から抜けなくなり、このままではいずれ肝臓を壊すだろうと予感した。

そんなある日の朝、閉店後の店内で眠っていたら、いつもとは違う夢を見た。

——どこか高い所にいる。夜明けが近い薄明の空が頭上にあり、薄汚れた都会の景色が遠くまで広がっていた。足もとに目を転じると、自分がビルの縁に立っていることがわかり、はるか下にアスファルトで舗装された道路が見えた。その途端に飛び降りて、真っ逆さまに墜落していく。あっという間に路面が目の前に迫り、今しも地面に衝突すると思った瞬間、耳もとで女が鋭く叫んだ。

「あんた、わかってんでしょ！」

——ハッと目を覚ました。

隣の長椅子でまだ寝息を立てているカズヤをそのままにして立ちあがると、ちょうど厨房から顔を覗かせた調理係のアントニオと目が合った。

アントニオはフィリピン人で、笑顔を絶やさない陽気な性格なのだが、それが、いつになく硬い表情をしていることに気がついた。

「ヨシキさん、起きた？　カズヤさんは？」

「まだ寝てる。今何時？」

「お昼の一二時ちょうど。ワタシは食材を持ってきたんだよ。仕込みもやっておこうと思ったから、まだ早いけど、さっき来た。そのときお店の方が騒がしかった。ワタシは裏口からキッチンに直接入るでしょう？　だからこっちには来る必要がないけど、誰かいるのかなと思って……今みたいに覗いたら、女の人がいた」

「女の人？　いないよ？」

「ううん。いたよ！　カズヤさんが担当している女の人だよ。名前は忘れたけど、いちばんよく来る人。ほとんど毎晩来るお客さん」

「ああ。わかるよ」カズヤがえげつなく金を引っ張り出している若い風俗嬢の顔を思い浮かべて、芳樹さんは憂鬱な気分になった。

「その人がカズヤさんの上にまたがって、体を揺らしていたから、最初はセックスしてると思った。でも違った！　怖いよ！」

いつの間にか、カズヤが目を覚まして、アントニオの話に聞き耳を立てていることに芳樹さんは気づいた。

アントニオは気がついていない。心なしか青ざめて視線を店の出入口の方に走らせた。

「……ワタシが来てから、ここには誰も出入りしていない。ドアが開けば音がするはず。キッチンからは裏口が見える。あっちも閉まったままだった。でも、ほら、今、女の人はどこにもいないよね？　それに、ワタシは初め、もっと大勢の人がいるのかと思った。たくさんの人たちが話しているような気配がしていたから。だけどヨシキさんとカズヤさんと女の人だけだった。その女の人は消えた！」

芳樹さんは「例の赤いワンピースの女じゃないの？」とアントニオに訊ねた。

「違うよ。赤い女じゃない。あれはカズヤさんのお客さんだった！　……ああ、カズヤさん、起きたね。ワタシ、たぶんアナタのお客さんの幽霊を見たよ！」

カズヤは暗い目をして、「ふうん」と応えた。そして、「うちに帰る」と芳樹さんに告げた。

「ヨシキは？　帰る？」

芳樹さんはためらった挙句、「僕はいいや」とカズヤに答えた。

「僕が掃除やっておくよ。その後、サウナに行く。カズヤは帰りなよ」

なんとなく、今は行動を共にしたくないと思ったのだった。

カズヤが行ってしまうと、アントニオが「あれは良くない幽霊よ」と芳樹さんに言った。

「怖い顔をしていたよ。体を揺らしながら、カズヤさんを睨んでいた。カズヤさんを恨んでいるのかもしれない」

「でも、まだ死んでないだろ？　昨日だって来てたんだから」と、芳樹さんは返したが、言うと同時に、さっき見た夢を思い出して、厭な予感がした。

そう。件の女性は、昨夜もカズヤに会いに来た。

そして店を出た直後に自殺して……なんて、まさかそんなことはないだろうと思ったが、そのまさかだった。

それから数時間後、カズヤが泣き腫らした顔で出勤してきて、アパートに帰った直後に警察に呼ばれて事情を聴かれたと芳樹さんに話したのだ。

カズヤの上客だった彼女は、店を後にした直後の午前四時頃、自宅マンションの屋上から飛び降りて自殺していた。

屋上に脱ぎ捨てたハイヒールと一緒に携帯電話が置かれていて、着信履歴が残っていた。最後に連絡した相手がカズヤだったため、警察に呼ばれたのだ。

芳樹さんは飛び降り自殺の夢を見たことをカズヤに話した。「あんた、わかってんでしょ！」という台詞まで含めて。

カズヤの落ち込みようは尋常ではなく、その夜は使い物にならないので帰らされたが、芳樹さんは彼に対して悪いことをしたとは思わなかった。

芳樹さんはそれから間もなく、店を辞めた。

カズヤがあの翌日には平気な素振りで出勤したのを見て、ホストを続けていく自信を今度こそ本当に失くしたのである。

僕の左に

これから綴る体験談は、この本においては少し異色かもしれない。なぜなら少年時代に遭遇した怪異の話ではないからだ。ただし少年時代に起きた不幸な出来事と、子どもの幽霊が登場する。また、霊の出現を通じて少年の頃をこれほど追体験する話も珍しいので、入れる意味があると考えた。

——脳研究者・池谷裕二の著書『脳には妙なクセがある』（扶桑社）によれば、人が視野の左半分を重要視して右半分を無視する傾向を《シュードネグレクト（疑似無視）効果》と呼ぶのだという。

具体的にどんなシチュエーションが考えられるかというと、たとえば誰かがあなたを見ているとしたら、その人の左視野に入りやすいあなたの右側の方が注目されていることになり、左側は比較的、無視されている。

また、たとえば、商品の陳列棚は左の方がお客の視線を惹きつけやすいから、左端に置かれた品物はよく売れる可能性がある。

こんな風に例を挙げていったらキリがないが、とにかく、人間にとって左側か右側かということは単なる配置ではなく、深い意味を持つようだ。

似たような学説は以前から動物行動学や深層心理学などでも唱えられている。曰く、人は両側に壁がある通路では左側を歩くことを好む。

曰く、庇護したい相手を自分の左に、頼りにしている相手を自分の右に並ばせたがる。左側から接近するものを無意識に警戒する傾向も人類共通なのだという。


二九歳の会社員、清水諭司さんは、ある夏、いわゆるモノモライをこじらせて手術を受けた。後から思えば、膿を出せば治るのではないかと思い、瞼《まぶた》を裏返して爪でつねったのが良くなかった。その後、いつも眠気覚ましに使っている刺激の強い冷感タイプの目薬をさしたことも、判断を誤ったと言うべきかもしれない。

そもそも、左の下瞼にしこりがあることに気づいてから二週間も放っておいたのがまずかった。

夜、爪で患部を弄《いじ》ったら、一晩のうちに面白いほど腫れあがり、上司から今すぐ病院に行けと命じられてしまったわけである。

論司さんは社会人になってから一度も医者にかかったことがないことを自慢にしていた。しかし実は単なる医者嫌いで、よほどのことがない限り病院に行かなかっただけなのだ。とはいえ、上司の命令とあっては仕方がない。会社の近くの眼科医院に行って診てもらったところ、手術を勧められてしまった次第である。

いわゆるモノモライの類には違いないが、諭司さんが罹《かか》ったのは霰粒腫《さんりゅうしゅ》といって患部に脂肪が溜まる病気だった。これに罹ると、薬だけでは治らないことが多い。

しかも彼の場合は、脂肪の塊が固い肉腫になって結膜側に突き出しているので、このまま放置すれば眼球を傷つけるおそれもあるという説明を医師から受けた。

結膜側と皮膚側を少しずつ切って患部を除去し、六日後に抜糸することになった。

手術が終わって看護師に眼帯を着けてもらうと、当然のことだが、左側の視界が欠け落ちた。世界の左側がブラックアウトしたような感じだ。

「明日になったら眼帯を外しても構いませんが、抜糸するまでテープを剝がさず、患部に触らないようにしてくださいね。内出血の痣や腫れが気になると思いますから、人前に出るときは眼帯された方がいいかもしれません」

眼帯は初めてだと言うと、遠近感が摑みづらいので段差などに気をつけるようにと看護師にアドヴァイスされた。

しかし、まずは一時的であるとは言え視界の左半分を失ったことに戸惑った。ただ見える部分が減っただけではない。すぐに、黒く塗りつぶされた自分の左側に厭な不安感が渦を巻いているような心地がしてきた。

さらには、病院の会計を済ませる頃には、それが人の形を取りはじめた。

——左側に誰かいる。

もちろん気のせいだ。その誰かというのが自分の胸ぐらいの背丈で、どうやら子どものようだということを含めて、妄想に過ぎないと諭司さんは冷静に考えようとした。

苦手な病院に来て、外科手術を受け、眼帯は初体験。だから自覚している以上に強い不安を感じていて、そのせいで変な幻想を抱いてしまうのだろう……と、合理的な枠から思考がはみださないように努めた。

しかし、眼科医院の建物を出る頃には、左横の子どもの顔つきまで思い浮かぶようになってしまった。

頬が丸く膨らんだ、下がり眉の男の子。硬そうな直毛をスポーツ刈りにして、むっちりと肉の詰まった体つき。なんとなく柴犬を想わせる風貌の子ども。

——圭くんなのか？

横断歩道で青信号を待つ間に、心の中で問いかけながら左側を振り向いた。

誰もいない。いるわけがなかった。

前を大型トラックが通りすぎた。

諭司さんは、子どもの頃に体験した、とある出来事を思い出さずにはいられなかった。

横浜という所は昔から人口の多い、開けた土地だったが、平成時代に入り急速に市の周縁部で宅地開発が進んだ。

諭司さんの実家も同市郊外の新興住宅地にあり、土埃が立つ造成地と大型トラックや工事車両が彼の原風景になった。幼い頃は、近所でいつも工事をしていて、ヘルメットを被った作業員を見かけない日がなかった。

圭くんは、諭司さんの家の斜め向かいに住んでいる同い年の男の子だった。母親同士が先に親しくなり、物心つく頃にはもう一緒に遊んでいた。同じ幼稚園から同じ公立の小学校にあがり、自転車はお揃いで、同じデザインの運動靴を履いていた時期もある。

五歳くらいまでは、圭くんの方が諭司さんより体が大きくて気が強かった。

だから小学校に入学してから圭くんが苛められがちになったのは、初めはとても意外なことに思われた。

確かに、圭くんは学校の成績が悪かった。字の形が覚えられず、いつも計算を間違った。

劣等感が彼の表情を暗くした。

だからと言って、苛められていいはずがないけれど……。

幼稚園の頃、圭くんはいつも諭司さんの右側にいた。圭くんの方がリーダー格で、遊びを仕切っていた。「うちでゲームをしよう」と圭くんが言えば、諭司さんは従った。それで何の不満もなかった。

しかし小学生になると二人の関係性は少しずつ変化して、いつの間にか諭司さんが圭くんを引っ張る雰囲気になってきた。

気がつけば圭くんは諭司さんの左側に付き従っていた。気の利いた提案をするでもなく、遊びに誘えば乗ってくるが、自分から愉快なことを仕掛けてはこない。

そんな受け身な性格の圭くんを物足りなく感じだした小学二年生の九月のこと。二学期の始業式があった日の帰り道で、諭司さんは圭くんから走って逃げたのだった。

圭くんは何も悪くなかった。一緒に登下校する習慣だった。ただいつものように諭司さんと帰ろうとしただけだ。一年生のときから同じクラスで、いつも二人でつるんでいるのが当たり前になっていた。

どちらかが先に勝手に帰ってしまうなんて、それまではありえないことだったのだ。

けれども諭司さんは、帰り支度が遅い圭くんを待っているうちに、佐藤くんに話しかけられたのだ。

夏休み中に家族で行ったゲームセンターで、同じように両親と来ていた隣のクラスの佐藤くんと偶然出会い、一緒にクレーンゲームやシューティングゲームをした。佐藤くんは頭の回転が速く、物識りで、話が面白かった。自発的で、物怖じしない性格でもあった。何もかも圭くんとは大違いだ。その後、佐藤くんの母親と諭司さんの母親が打ち合わせをして、連れ立って市営プールに行ったり映画を観たりしたので、諭司さんと佐藤くんは一気に付き合いが深まったのだ。

そんなことになっているとは、圭くんには知る由もなかったのだけれど。

でも、諭司さんは佐藤くんが自分の教室にやってきて「一緒に帰ろう」と誘ってきたとき、反射的に「うん」と答えてしまった。

このとき圭くんが何か言ってくれたら、自分は振り向いたかもしれないと諭司さんは思う。圭くんも入れて、三人で下校していたら、どんなにか良かっただろうか。

しかし圭くんは無言だった。そこで諭司さんは圭くんに背を向けて、佐藤くんと二人で廊下を歩きはじめたのだ。

そしてすぐに佐藤くんとの会話に夢中になった。

圭くんがずっとついてきていたことに気づいたのは、佐藤くんと別れた直後だ。

諭司さんの家より、佐藤くんの家の方が学校に近かった。佐藤くんに「またね」と言ったとき、なんとなく気配を感じて振り向いたら、二〇メートル以上後ろの離れたところに圭くんが居て、恨めしそうにこっちを睨んでいた。

諭司さんは慌てて逃げた。

「諭司くぅん！　待ってよぉ！」

走っていると、幼い頃から聞き慣れた声が後ろから飛んできた。

「諭司くぅん！」

何べんも呼ばれたけれど、諭司さんは家まで一度も振り向かなかった。

圭くんが大型トラックに轢かれて死んだことを知ったのは、諭司さんが自分のうちの玄関に飛び込んでからたった一時間後のことだった。


——あの圭くんが、左側にいるような気がする。

諭司さんは、圭くんの面影と彼にまつわる想い出を、急に生々しく蘇らせた理由を考えあぐねた。

誰かに相談したかったが、こんなことを打ち明けられる相手と言ったら、両親しか思い浮かばない。いい歳をして馬鹿らしい妄想を膨らませる、と、嗤《わら》われそうなことだが、両親に限っては、真面目に取り合ってくれるはずだと思われた。

父と母は、圭くんが死んだ後の彼の苦悩を知っているから。

眼科の手術当日と翌日は有給を取っていたので、手術の明くる日、会社を休むついでに両親に会いに行くことにした。

予想どおり、両親は諭司さんの話を真剣に聞いた。

彼が話し終えると、母が即座に、「圭くんのお墓参りに行きましょう」と言った。

「考えてみたら、もうすぐ命日よ。来週の金曜日じゃなかったかしら」

「言われてみれば……。すっかり忘れてたよ」

「頑張って忘れたんだよ」

そう母が言うかたわらで、父もうなずいた。

「そうだよ。圭くんの事故の後、諭司は心療内科や精神科に半年も通って……。最初は大変だったじゃないか。胃潰瘍《いかいよう》にまでなって。それがある日突然、圭くんのことを一切口に出さなくなったから、おかあさんと話し合って、あえて思い出させるようなことは言わないようにしようと決めたんだ」

「……そうよ。だから、圭くんのおうちがすぐに引っ越されたのも、諭司のためには良かったなと思っていたの。申し訳ないけど、それがおかあさんの本音」

「ああいう交通事故は誰のせいでもないんだよ。諭司のせいじゃないし、圭くんのせいでもない。轢いたトラックの運転手はもちろん不注意だったんだが、急に子どもが飛び出してきたわけだから、運が悪かった面もある」

——だけど死んだのは圭くんだけじゃないか！

諭司さんは、どうしても罪の意識を覚えずにはいられなかった。

いや、この後悔の念は、久しぶりに蘇ったものだ。

父が言ったように、苦しみが頂点に達したとき、諭司さんは悔恨することをなぜか忘れた。

そればかりか、圭くんについても、思い出さなくなった。

小学二年生の二学期から三年生の初め頃まで、記憶が飛んでいる。

医者嫌いの原因は、おそらく、心因性の胃潰瘍になって治療中も散々苦しんだ経験がトラウマになったせいなのだ……。

圭くんの友情を裏切り、走って逃げた代償はそれなりにあった。

しかし、自分は生きている。

そして、今、忘れていた罪を思い出している。

「そうだわ！　諭司がモノモライに罹ったのって、ちょうどお盆の頃だったんじゃないの？　圭くん、お盆で帰ってきたのかしら？」

「おかあさん、よしなさい。幽霊なんか、いないんだ。いたとしても、圭くんは、とっくに成仏してるよ。諭司も、あまり変な風に思い詰めるものじゃない。罪の意識が幻覚を見せているだけなんだから。……思い出しても心が壊れないぐらい、おまえが大人になったってことだよ」

「そうかなぁ」

「そうだとも。時が来た。だから思い出した。それだけだ。今度三人で圭くんの墓参りに行って、区切りをつけよう」


その夜、諭司さんは実家に泊まった。

いつも、実家に来ると、以前自分が使っていた二階の部屋で寝る習慣だった。

前回の訪問まではまったく気にならなかったのだが、この部屋の窓からは、道路を挟んで斜め向かいの圭くんの家がよく見える。

正確を期するなら、昔、圭くんが住んでいたが、今は知らない人たちが暮らしている場所ということになるが……。家も建てかえられている。

けれども、その夜は、黒っぽいスレート葺きの屋根にクリーム色のモルタルの壁が見えた。

――圭くんの家だった。

なぜかはわからないが、驚きは薄かった。

驚愕する代わりに、ふと二〇年以上前の景色を想い起こした。

小学一年生になったばかりの頃、帰宅してすぐ、二階の子ども部屋から圭くんの家の方を見たら、圭くんも同じように二階の窓から顔を突き出したから、手を振り合ったのだ。

そんなたあいもないことが、たまらないほど楽しくて、しばらく毎日やっていたけれど、いつの間にかやらなくなった。

——たぶん僕から止めたんだ。

悲しい気持ちで窓から離れた。ベッドに入ると、左側に子どもが寝ている気配が次第に強まるのを感じた。

恐る恐る左手を横に伸ばしてみて、何も手に触れないことにホッとした。


翌日、窓から斜め向かいの家を見てみたら、まったく違う、モダンな建物になっていた。


その日は土曜日で、夜は自宅マンションに帰ったが、やはりベッドに横になると左隣に子どもが寝ているような気がした。朝になると、タオルケットが左側に引き寄せられていて、辺りにうっすらと乳臭い匂いが漂っていた。

日曜日には、左腕にそうっと触られて、寝入りばなを起こされた。

「圭くんなの？　そこに居るんだろ？」

思わず振り向いて問いかけたが、返事はなかった。

——もしかすると、圭くんはあの日、死ぬのと同時に、走って逃げる僕に追いついたんじゃないか？　そしていつもみたいに僕の左に並んでいたのでは。

この現象を指して「罪の意識が幻覚を見せている」と諭司さんの父は解説した。

一昨日、それを聞いたときには、かつて掛かった心療内科や精神科の医者が言いそうなことだと諭司さんは感じた。

封じていた後悔の念が幻覚を生むというのは、常識で許容できる範囲内だとも思われた。そして、このような、常識的な現代人らしい考え方にこだわりたいと、こだわるべきだと考えたのだった。

しかし、日々刻々と左側の子どもは存在感を増していく。

ベッドから下りて洗面所へ行き、鏡を見ると、自分の左側はただの空間だった。

そこに圭くんが存在している感じは依然としてあるのだが。

――眼帯を外したら、圭くんの気配も消えるのだろうか？

それまでは無意識に傷に触ってしまうのが怖くて、寝ている間も眼帯を着けていたのだ。

しかし、もう傷口は塞がっているだろう。

諭司さんは鏡を見ながら眼帯を外してみた。

途端に開けた視界の左側に……居た。

八歳のままの圭くんが佇んでいた。

鏡越しにこちらを見つめている。無表情だ。

諭司さんは震える手で再び眼帯を着けた。すると、鏡の中の圭くんは消えた。だが、立ち去ってくれたわけではなかった。

左腕を下にさげると、掌の中に手がするりと滑り込んできた。

氷のように冷たくて、小さな手が。

月曜日には、会社の休憩時間を利用して眼科で抜糸してもらった。

「治りが早いですね！　もう眼帯は必要ありません。まだ内出血の痕が目立ちますから着けても構いませんが……。霰粒腫は初めてなんですよね？」

「はい」

「しょっちゅう出来る体質の人がいるんですよ。清潔を保つことと栄養バランスがとれた食生活を送るように心掛けてください。あとは睡眠！　よく眠ることが大事です」

まさか、幼馴染の幽霊につきまとわれているせいで安眠できないとは言えない。しかも眼病がきっかけでそうなったなどと話したら、精神科に行けと言われるのがオチだ。

眼帯を着けて会社に戻った。仕事をしながら、完治しても圭くんが去らなかったり、或いは頻繁に霰粒腫が再発してしょっちゅう今のような状態に陥ったりする可能性を考えて、怖くなった。

今週末に圭くんの墓参りに行くつもりだったが、果たしてどうなるか……。

会社に戻ると、上司から「どうだった？」と訊かれた。

「抜糸しました。もう眼帯は必要ないそうです。ただ、痣になっていて見苦しいので、仕事中は着けていようと思います」

「取引先の人に会うとき以外は外していても構わないよ。眼帯って、わずらわしいだろ？　ちょっと外して見せてみろ」

諭司さんは「はあ」と答えて眼帯を外した。恐々と足もとに視線をさまよわせると、自分の足の左横に、運動靴を履いた子どもの足が見えた。

「うわぁ。痛そうだな！　殴られたみたいで、穏当じゃないなぁ」

「もうしばらく眼帯しておきますよ」

眼帯を元に戻すと、視界から圭くんが消えた。気配は残っている。

トイレに立ったときに鏡の前で眼帯を外してみたら、横に圭くんがいた。鏡に映り、振り向くと実際にも自分の目には見える。

「おつかれさま」と同僚がやってきて、圭くんのそばを通って小便器の方へ行った。

……他の人には見えないのだ。

「メバチコ、僕もなったことがありますよ。そこまで酷くならなかったけど」

「メバチコって言う人もいますよね、モノモライのこと。僕のは本当は霰粒腫といってめんどくさい病気だったみたいです。瞼の外側もちょっと切りましたから、痣がね……」

「デスクで作業しているときは、眼帯は外していてもいいんじゃないですか？　みんなすぐに見慣れると思うし、痣より眼帯の方が目立つような気もしますよ」

確かにそうかもしれないと思った。圭くんの姿にも慣れてきた。初めの頃ほど恐ろしく感じない。「居る」と、認識するだけになりつつある。

その日から、通勤のとき以外は眼帯を外すようになった。

自宅でも圭くんを視界に入れながら生活しはじめた。時折、子どもと同居しているような気持ちがして、怖さが薄れると共に、圭くんに話しかけるようになってきた。

朝食のトーストを食べているときに、「圭くんも食べる?」とか。

風呂に入っているときに、「服を脱がないの?」とか。

しかし圭くんはいつも表情が無く、声を発することもなかった。衣服や靴も常に同じで、最期の日の姿を再現しているようだった。


圭くんの命日である金曜日に、母と電話で墓参りの段取りを決めた。

「目の調子はどう? 圭くんの幽霊は、まだ居るの?」

「うん。今も横に居る。もう慣れちゃった。目の方は、だいぶ良くなったよ」

「……諭司はお葬式以来ね。圭くんのお寺に行くの。おかあさんとおとうさんは三回忌まで行ったけど」

初耳だった。「えっ! そうなの?」

「思い出させないようにしてきたと言ったでしょう? 諭司の病気がぶり返さないように、

ずいぶん気をつかってきた。……なぜ今なのかしらね?」

「僕だって知りたいよ。おとうさんはああ言ってたけど、おかあさんは、幽霊って信じる?」

「信じる!」と、母は答えた。そして、「霊感はないけど、いると思う」と付け足した。

「じゃあ、言うけど……。あれから二〇年近く経つけど、圭くんの霊は、今までずっと僕の左隣にいたのかな?」

「……そういえば、昔、諭司が入院したときに不思議なことがあった。相部屋になった患者さんのご家族から『ごきょうだいですか?』と話しかけられたの。『えっ?』と訊き返したら、『すみません。勘違いでした』と言われて、それっきりになってしまったんだけど、もしかして霊感がある人だったのかしら。諭司のそばに圭くんがいるのが見えて、きょうだいが付き添っているのかと思ったんじゃない?」

「そうかもしれないね。そんなことがあったんだ」

「ええ。当時は圭くんのお葬式の直後で、諭司は凄く混乱してたから何も憶えていないと思う。でも、すっかり調子が良くなった後にも……。中学生の頃、家族で外食したときに、コップの水がひとつ余計に出されたことがあったよね? そのとき諭司は『幽霊だ!』と笑ってはしゃいでた。だから、ああ、もうすっかり圭くんのことを忘れているんだなと思って、安心したのを憶えてる」

「僕たち、エゴイストだね」と諭司さんは苦笑いして、圭くんに視線を向けた。

「しょうがないよ。自分の子どもがいちばん大切。一時は、圭くんに引っ張られて諭司が死んじゃうんじゃないかって、おとうさんと凄く心配したんだから……」

このときも、圭くんは、電話で話している諭司さんを静かな顔で見上げていた。

「そんな怖いことをしそうな幽霊じゃないよ」と諭司さんは言った。

九月初旬、圭くんの命日直後の土曜日に諭司さんは両親と共に墓参りをした。母が事前に、霊園を管理している寺院の住職に相談しておいてくれたので、墓参りの前に寺の本堂で読経してもらい、その後、住職と話をすることが出来た。

諭司さんは迷った挙句に、圭くんの幽霊については伏せて、ただ、最近になって急に思い出したのだと話した。

すると住職は、「少し驚かれるかもしれませんが」と前置きして、数ヶ月前に圭くんの母親が亡くなったのだと諭司さんたちに告げた。

「これからお墓に参られましたら、是非、お母さまにもお花を手向けてください」

諭司さんの両親もこのことは知らなかった。

衝撃を受け、心持ち青ざめながら、母が住職に訊ねた。

「私たちと同世代で、まだ亡くなるようなお歳ではないのに、なぜ……？」

「詳しいことは存じ上げないのですが、ご病気だったそうですよ。長く患っていたので、これでようやく楽になりました、と、ご主人がおっしゃっていました」

「では、今年が初盆だったのですね？」

「そうですね。しかし、何か事情があったのか、先月はどなたもお見えになりませんでした。毎年必ずご両親お揃いでいらしていたので、少し心配しております」

「そうですか……」

驚きが冷めやらぬまま、住職に導かれて霊園を歩いた。

圭くんの家の墓が見えてくると、諭司さんは歩きながら左手を横に伸ばした。冷たい手が掌に滑り込んできて、自分の指と細い指を絡め合わせてきた。

――圭くんと手を繋いだのは幼稚園のとき以来だな。

「諭司」と後ろを歩いていた母に小声で呼ばれた。振り向くと、母が怯えた表情で圭くんの方を見つめていた。

「そこに白い影が……子どもの形で……あなたと手を繋いで……」

「白い影？」

諭司さんは眼帯を外して、圭くんを見下ろした。圭くんは、生きていたときと変わらない、健康的な男の子の姿をしていた。

「おかあさんにはそう見えるんだね」

しかし不思議なことに、お墓の前に来ると、圭くんの姿は白っぽく薄れてきたのだった。

諭司さんは手を合わせて圭くんとその母を悼《いた》み、冥福を祈った。

目を閉じると、幼い頃に圭くんと過ごした楽しい想い出ばかりが次々に頭に浮かんだ。

最後に心に映ったのは、子ども部屋から見た夕焼け空と圭くんの家。二階の窓から圭くんが手を振っている。

——バイバイ、圭くん！　バイバイ！

目を開けたとき、圭くんの姿は消えていた。

眼帯を着けても気配が感じられなかった。自分の左側には虚しい空間しかなく、諭司さんは喪失感を覚えた。

涙が溢れてきた。彼は子どものように泣きじゃくった。

合図

野田弘さんが通っていた静岡県の某工業高等学校の卒業生は、就職先で再び顔を合わせることがよくあった。弘さんが入った会社の寮にも、高校の先輩や同窓生が何人もいた。同期だけでも自分を入れて八人で、そのうちのひとりは、特に親しかった川井だった。

「またおまえと一緒かよ」と、入社前の新人研修で会ったとき、川井は嬉しそうに言った。

「悪かったなぁ」と、弘さんは言い返しながら、心強く感じた。

やがて社員寮に入ると、川井は隣の部屋に入った。

半年ほどして、初めて寮を訪れた弘さんの母親が、弘さんたちがあまりにも汚らしく暮らしていたので激昂して、無理矢理、彼を家に連れ帰るという出来事が起きた。

「おふくろ、勘弁してくれよぉ。恥ずかしかったよ！　もう俺、一八なんだよ？」

「じゃあ、もっときちんと片づけたらどうなんだい！　あんなところに私の息子を置いておけやしないよ！」

「過保護なんだよ、おふくろは！　……月曜には寮に戻るからな！」

その日は土曜日だったのである。

そんなわけで弘さんは週末を実家で過ごした。そして日曜になると、母が二人でラーメンを食べたいと言ったので、弘さんが車を運転してラーメン屋に連れていくことになった。

なんだかんだ言って、弘さんたちは仲の良い親子なのだ。

「美味しかったわぁ。ごちそうさまでした。奢ってもらって、悪かったね」

「え？　いや、何、たまには、さ……」

「明日から寮に帰るの？　ずっとうちにいてもいいのよ？」

「何言ってんの。そんなの無理に決まってんじゃん」

こんなふうに会話しながら、車を走らせていたときである。突然、数台の車が猛スピードで後ろから飛ばしてきて、弘さんたちの車を追い越していった。

「ヤダ！　何なの？　暴走族？」

「いや、暴走族じゃないみたいだ……」

弘さんは、追い越していった車のうちの少なくとも一台に見覚えがあった。しんがりを走っていた車、あれは同窓で会社の同期のあいつの車じゃん、と、気づくのと同時に、その車がスピードを落として、クラクションを鳴らしながら路肩に停まった。

「おーい、野田くん！」と、車から降りてきた男が涙声で叫んだ。

なぜ泣いているのかと思ったら――。

「川井が電車に轢かれて死んじゃったよ！　これから川井のお通夜に行くんだ！　おまえも来いよ！」

弘さんは、そのまま彼らについて、お通夜へ馳せ参じた。気が動転していたので母親も連れていってしまったが、母も、おかしいと思うようすもなくついてきた。

「……ご遺体、見せてもらえなかったね」

「うん。電車にやられちゃあ、しょうがない」

「そうだね。あんたは会社の皆さんと寮に戻りなさい。つもる話もあるでしょう。私は車を運転して家に帰るから」

「ありがとう。安全運転でね」

その後、寮で同期の七人で集まり、そこに寮長も加わって、追悼会のようなことをした。

川井の部屋にみんなで行って、車座になり、想い出を語り合ったのである。

相棒を亡くして、ひとり取り残されたこの部屋の住人――川井と相部屋だった奴も、同じ工業高校の同級生だった。彼は、元々、弘さんと同じぐらい川井と親しかったうえに、この春から同じ部屋で過ごしたため、一層、愛着を深めていた。

追憶に浸り込むうちに彼は感極まり、泣きながら大声で怒鳴った。

「川井！　会いたいよ！　幽霊でもいいから会いたい！　まだ此の世にいるんだったら、合図してくれ！」

途端に、壁に貼ってあった《あしたのジョー》のポスターがバサリと音を立てて落ちた。

「ワアッ！」

――全員部屋の外に逃げ出した。相部屋の奴まで。


川井は、ボクシング漫画《あしたのジョー》のファンだった。漫画の最終回で描かれた〝真っ白に燃え尽きた〟主人公・矢吹丈にことに心酔しており、その姿が描かれたポスターを家から持ってきて、寮の部屋に貼っていたのだという。

逃げ出した廊下で全員が顔を見合わせ、呼吸を整えてから部屋に引き返し、落ち着いて床に落ちたポスターを観察してみたら、裏に八ヶ所もテープが貼られていた。

八ヶ所がいっぺんに剝がれるとは考えづらいので、川井の幽霊が「合図」したのだとみんなが信じた。

そこでポスターを丁寧に壁に貼り直し、ポスターの矢吹丈を川井に見立てて語りかけながら、追悼会の続きをしたとのことである。

冒険奇譚

冒険と奇譚と少年は三つ子のようだ。
魂が呼び合ったとしか思えない出来事を、私は幾つ聴いただろうか。
ある意味すべての奇譚は冒険的であるし、冒険談は必ずどこか奇譚的である。
少年たちが冒険を好むのも、古今東西の神話や伝説、民話が示すとおり。
奇譚蒐集家にとって、彼らの好奇心と無分別ほど愛しいものはない。
行ってらっしゃい！
気をつけて、なぁんて野暮なことは言わないよ。

古井戸

奄美大島出身の陸上自衛官、栄充朗さんは、千葉県の習志野駐屯地に配属されていた一九歳のとき、東富士の樹海で演習に参加した。森林で散開《さんかい》して孤立した状況を兵士として切り抜ける訓練……といえば聞こえはいいが、要するに迷子になってお腹を空かしながらどれほど意地を張り通せるか試す、という我慢大会に強制参加させられたようなものである。

腹を減らしながら鬱蒼と樹木が生い繁る中を独りで歩いていたら、いきなり視界が明るく開けた。

地衣類とわずかな雑草があるだけの、二五平方メートルほどの広場があった。

原生林の暗がりを半日踏破してきた身には、恐ろしく眩《まばゆ》く、何やら奇跡のようにも感じられる空間だった。そこにだけ大地から蒼穹まで突き抜ける、美しいメテオラが出現している。

その中心に、縁が欠けた円筒の石組があった。

――井戸だ、と、認識した途端に、忘れていた光景が胸に蘇った。

夏色のスモックを小さな身体の周りにふわふわさせた子どもが、光が燦々《さんさん》と降りそそぐ参道を犬を連れて駆けてくる。

二の鳥居を潜り抜けて、充朗さんがいる駐車場の方へやってきて、「あそぼう」と誘った。

「うん。あそぼう」と、充朗さんは応えた。

充朗さん自身も夏用の水色のスモックを着ている。通っている幼稚園の夏服だ。下は紺色の半ズボン、これも幼稚園の制服だ。白いハットも、外に出るときは被らなくてはいけないきまりだ。

犬を連れた子は、充朗さんとそっくり同じ格好をしている。

充朗さんは、その子が自分と同じ〝年長さん〟だと知っていた。いつからか忘れてしまったけれど、だいぶ前からこの神社の境内でよく遊ぶようになった〝お友だち〟なのだ。

ここは、ニニギノミコト、オウジンテンノウ、イチキシマヒメという神さまたちを祀《まつ》っている由緒正しい神社で、毎年、七月の終わり近くになると《六月灯》というお祭を催す。

充朗さんは、一年前か二年前の《六月灯》のときに、この子と仲良くなったような気がしているが、幼すぎたせいか記憶がおぼろげだった。

今年の《六月灯》は、つい先週、行われたばかりだ。夜、提灯の列に照らされた参道に露店がいっぱい並んでいた。そこを家族とそぞろ歩くのは、とても楽しかった。

——あれ？　お祭のとき、この子もいたかな？　近所の〝お友だち〟なら来てたはず。

ふと胸に萌《きざ》した疑問を打ち消すように、犬が鋭く吠えた。

「あっちに行こうよ！」と友だちが指差した方を見やる……と、そこに細い小径が現れた。

いや、前からあったのかもしれないが、今、道がするすると拓けたかのように感じた。

「奥に行ってみよう」

友だちは犬を連れて、ずんずん小径を歩きはじめた。充朗さんは急いで後を追いかけた。

この神社は高台にあって、境内の一角からは充朗さんが住んでいる町が広々と見渡せる。山あいの神社ではあるけれど、それほど深い森林に囲まれているわけではないのに、小径の先は樹々の間に呑まれていた。

「どこに行くの？」

「こっち、こっち」

やがて、町からも神社の駐車場からも遠くなってしまったな、と、充朗さんは不安を覚えはじめた。もう帰ろうよ、と、心細さが言葉になって喉まで出かかった、そのとき、

「わぁい」

と、友だちが嬉しそうに叫んで、走りだした。

その白いハットの向こうに、にわかに光が溢れた。

——充朗さんの家の庭ほどの、こぢんまりした広場があった。その真ん中に、紙垂《しで》を付けた注連縄《しめなわ》が巻きつけられた、石造りの円い井戸がある。純白の紙垂が目に眩しく、辺りは不思議なほど森閑としていた。虫や小鳥も黙りこくり、風の音すら聞こえない……。

そのとき、急に犬が井戸に向かって吠えだした。ワンワンと激しく吠えかかる、と、同時に何処からともなく霧が湧いてきて、たちまち濃く立ちこめた。

充朗さんは怖くなって、お友だちにしがみついた。

「どうしたの？　ねえ、どうしたの？」

犬は尚も吠えつづけていたが、少しして、霧がみるみる薄らいだ。すると、井戸の横に、こちらに背を向けて清らかな白装束に身を包んだ女の人が佇んでいた。

背中に長い黒髪が滝のように流れている。着ているものは和服のようだが白無地で、これではまるで……と、充朗さんは絵本で見た幽霊の姿を想い起こした。

友だちも驚愕した面持ちで女の人を凝視していた。犬も沈黙して、そちらに注目した。

束の間、全員が凍りついた。

しかし次の刹那、女の人がゆっくりと振り向きはじめた。

それで均衡が破れて、充朗さんと友だちと犬とが、団子になって小径に戻って逃げだした。

駆けて駆けて……あっという間に神社の二の鳥居の前に着いた。

二の鳥居の脇に駐車場がある。さきほど友だちが来る前に、充朗さんはここで独りで遊んでいた。けれども今は、駐車場にも鳥居の内に見える境内にも、薄く霧が掛かっている。

再び犬が吠え始めた。犬が鼻を向けている方角を見やったら、さっきの女性と思しき白い着物の人影が、かたわらの岩の上に立っていた。

その目が電灯を仕込んだかのように光っている。

また友だちと走って逃げた。

——社務所の横の坂道を駆け下ったことは憶えている。あとは何が何だかわからないが、気がついたら家に辿りついていた。

犬を連れた友だちとは、どこかではぐれて、帰宅したときには独りになっていた。


充朗さんの両親は彼が物心つく前に離婚して、充朗さんは父と、父方の祖母と曾祖母、父の妹である叔母と共に暮らしていた。

曾祖母は若い頃にユタをしていたそうで、この辺りの古い伝統や習慣に詳しかった。

神社で白装束の女性に遭遇したことを家族に打ち明けたところ、曾祖母に叱られた。

「そこは男《いんが》んわらべぬ入ってはいけらん所やたんはずやさ。大島んかい女《おなぐ》しか足ぬ踏み入れられん場所がばんないあんやっさ」

奄美大島には男子禁制の聖地が、本来、至るところに存在したとのことだ。

かつてはここでも琉球式の祭祀が行われていたが、明治時代に入り、ユタが護ってきた聖地が本土の神社に取って代わられた。

けれども、土地の神さまは去らなかったのかもしれないではないか……。

充朗さんは、それから、その神社では遊ばなくなった。

——陸上自衛隊の演習中にこの出来事を思い出して間もなく、帰省した折に、地元の幼馴染たちに犬を連れた幼稚園の〝お友だち〟を誰か憶えていないかと訊ねたら、みんな口を揃えて「そんな子は知らない」と言った。

そこで幼稚園の卒園アルバムを引っ張り出してきて、幼馴染や家族と検分したのだが、それらしい子どもの写真は一枚も載っていなかった。

鹿児島県奄美市の高千穂神社は明治二年に創建され、明治二〇年頃に現在地に遷座された。大島を含め奄美群島は、その昔は琉球王国の統治下だったので祭祀も琉球と同じく、霊界と交渉する巫女《ユタ》や祝女《ノロ》が担っていた。かつては神人《カミンチュ》は女性に限られ、女性しか入れない聖地が数々あったのだという。

高千穂神社の御祭神は、天孫《てんそん》・瓊瓊杵尊《ににぎのみこと》、第一五代・応神天皇、そして市杵島姫命《いちきしまひめのみこと》だが、そのうち市杵島姫命は、小学館の『日本大百科全書』によれば、『古事記』では天照大神と須佐之男命が誓約《うけい》したときに須佐之男命の剣から生まれた三女神の一神として描かれており、その名が意味するところは〝神の島である沖ノ島の神を斎《いつ》き祀る巫女〟。

つまり巫女神であり、水の神でもあり、そしてまた、瓊瓊杵尊の降臨に際して養育係として伴われてきたことから、子守の神、子どもの守護神であるともされているそうだ。

霊園から疾く来る

九〇年代の若者文化はＩＴ革命以前にあって、肉体に密着した純アナログ文化から先進的な機器を五感に取り入れハイテク文化に移行する過渡期の特色を表しているという点で興味深いと思う。

例えばポケベル。九〇年代の若者たちにポケベルはなくてはならないものだった。

ポケベル＝ポケットベルは無線電波で通信機器に合図を送る装置で、呼び出し合図のみだった初期型、数字を送信できる中期型、そして九〇年代後半からのカタカナやアルファベットの短文メッセージを送信できる形へと進化しつつ、一〇代の少年少女を含む社会の各階層に普及した。数字やアルファベットを用いた独特のスラングや、ポケベルの商用利用、或いはポケベルが登場する映画や文芸作品なども現れ〝ポケベル文化〟を形成していたが、携帯電話の登場以降は衰退し、今では一般ユーザーはほとんどいない。

それからコンビニ。コンビニエンスストアにたむろする少年少女は、八〇年代に発生し、九〇年代には全国どこでも見られる風景となった。〝不良の溜まり場〟として悪名高かったが、スマホが普及すると少年少女の交流の場がバーチャルに移行して、結果的にコンビニに集う子たちが激減した。

そして走り屋。従来の暴走族とは一線を画す、運転技術の高さを公道で競う〝街道レーサー〟はバブル景気の頃に人気を博したラリーやレース競技を模したもので、九〇年代にピークを迎えた。ギャラリー（観客）と呼ばれる人々には、自身はオートバイや自動車を運転しない少女やミドルティーンの少年も多かった。

九〇年代に、ポケベルを持って自動二輪に乗り、コンビニにたむろしていた少年たちは大都会のど真ん中よりも、郊外に多かった。彼らの親世代が住宅地のドーナツ化現象に沿って郊外に住むようになっていたこと。都会の中心地に比べると娯楽が少ないこと。公共交通網が未発達な郊外ではオートバイという足を手に入れることで、行動半径に大きな違いが生じ、移動の自由を持つことが成長の証にも等しかったこと――それらの理由が考えられる。

一九九一年に千葉県の高等技術専門学校に入学した鈴木芳樹さんは、入学式から数えて五日目で退学してしまい、すぐに近所のガソリンスタンドで週六日、働くようになった。

一六歳になるとさっそく中型自動二輪の免許を取り、ホンダの〝スティード４００〟を買った。スティードはホンダ初の本格的アメリカンバイクだったから、ファッションもバイカー風のアメリカンカジュアルにして、髪を伸ばしてワイルドな〝ロン毛〟にした。

バイク好きの少年チームに加わったのも、その頃だ。

チームの仲間は一二人もいて、たまに全員で集まることもあったが、暴走族とは違って、いわゆる掟のようなものに縛られていなかった。ゆるい繋がりのバイク仲間で、他所のグループと喧嘩することもなく、街道レースに明け暮れるでもなく、小規模なツーリングをしたり、集まってゲームやバイク談義に興じたりするだけの罪のない集まりだった。

純粋な走り屋のチームではなかったけれど、ホンダ・NSRやCB、カワサキのゼファーといった走り屋風のバイクは人気があり、乗っている仲間も多かった。

アメリカン風は芳樹さんだけ。暴走族っぽいファッションの子も三、四人いた。原動機付自転車……いわゆる原付スクーターに乗っている子たちもいた。

全員ポケベルで連絡を取り合っていた。

そう。それから、その頃の芳樹さんには可愛い恋人もいた。

彼女ともポケベルで日に何度もやりとりしていた。初めての彼女で、毎日かいがいしくお弁当を作ってくれる同い年の少女だった。だから彼女に被ってもらうためのヘルメットも買ったのだ。彼女をバイクの後ろに乗せてちょっと走り、コンビニで飲み物や何かを買ってひと休みして、またちょっと走る。それだけで最高に幸せだった。

――以上が、当時の芳樹さんの世界を構成していたものになる。

すなわち、アルバイト、バイク、仲間、ポケベル、女の子、コンビニだ。

いや、あとひとつ、音楽も欠かせなかった。

仲間内で流行っていた音楽は、BOØWY・PERSONZ・SHOW-YAといったJロックや、ドリカム（DREAMS COME TRUE）・槇原敬之といったJポップ。

……でも、当時の芳樹さんが独りでSONYの〝ウォークマン〟で聴くのは「なんてったってアイドル」の小泉今日子。中学生の頃からキョンキョンこと小泉今日子のファンだったのだ。でも、この頃、芳樹さんは日本のアイドル歌手が自分のファッションに合わなくなってきたような気もしていた。

そんな揺れる一六歳の夏、奇妙な出来事に巻き込まれて、仲間がひとり、死んだ。


千葉県松戸市の八柱霊園に行ったのは、八月の熱帯夜のことだった。

宵の口から芳樹さんを含む三、四人で集まり、〝先輩〟の部屋でゲームに興じていたのだが、深夜になって、「そういえば夏だし、肝試しってどう？」と誰かが言いだし、八柱霊園なら近場で土地勘もあるからちょうどいいということになったのだ。

仲間の中には心霊スポットとして有名だと主張する者もいたが、八柱霊園は、地元住民の間では公園墓地として知られている。

正門を入ると四季折々の花が咲くフランス風の幾何学庭園や小高い丘、池と宝塔形の給水塔があり、ベンチや散策路が整備されていて、芝生の広場がある。総面積は一〇五ヘクタール。これは東京ドームに換算するとおよそ二〇個分になるそうで、四月には〝桜まつり〟が、七月には〝七夕まつり〟が開催される広場を有している。

しかし、この広場や池がある正門付近のエリアを除けば、碁盤の目状に配置された区画に沿って墓所が並んでいるので、夜中に訪れたらそこそこ不気味なはず。涼を求めて訪れるのによさそうだ……と、手分けしてポケベルで他の仲間や彼女にも呼び掛けた。

その結果、午前二時に一一人も集まって、バイク六台と原付スクーター三台を連ねて繰り出すことになった。

芳樹さんは、ここまでで、すでにかなり面白かった。親に反抗中か、もしくは見放された同世代の奴で夜中に集まって遊ぶだけでも、それなりに楽しいものだ。思いつきの肝試しに一〇人以上も集まったということにも、心が浮き立った。

最初に芳樹さんたちが集まっていた部屋の〝先輩〟というのは、チームでいちばん年長の一八歳の建設作業員で、建設会社の寮に住んでいた。寮の部屋がけっこう広くて、出入りが自由だったので、自然と仲間の集会所のようになっていたわけだが、そこから八柱霊園まではバイクで片道一〇分足らずの距離だった。

人集めと準備に手間取ったけれど、ひとたび走りだしたら、あっという間に到着してしまった。南門から霊園内に入り、門から近いロータリーの手前に駐輪した（現在の八柱霊園の各門は一部を除いて原則として午後五時に閉門。南門への車の乗り入れも土日祝日以外は禁止されているが、当時は自由だった）。

「一三区がヤバいらしいよ。出るんだって！」と誰かが言ったので、一三区を目指して歩きはじめた。園内の案内板で見ると、一三区は南門とは正反対の、霊園の北側にある。霊園内の車道沿いに街灯があったが、ロータリーから北の方角を透かし見ても、先は暗闇に吸い込まれていた。

「……けっこう歩くんじゃない？」

「まあ、行ってみようよ」

一一人の中には女の子が二人いた。どちらも仲間の彼女だ。芳樹さんの彼女は、躾《しつけ》に厳しい家の子だから、夜遊びするときには声を掛けられなかった。

「途中でおトイレがあったら、行かせてね」

「あ、私もおトイレ行きたい！」

女の子たちがそう言うので、一三区に行く前に公衆トイレを探したところ、この道と〝ひょうたん道路〟の交差点を右に折れた道路沿いにあることがわかった。

〝ひょうたん道路〟は霊園の北半分を巡る環状の車道で、文字通り瓢箪の形をしている。

芳樹さんたちが、公衆トイレに隣接した休憩所で女の子たちを待っていると、この道路を歩いてくる人影があった。

浴衣を着た女性の二人連れで、ひとりは四〇歳前後、もうひとりは二〇代前半くらいで、母子のような雰囲気だが、二人ともとても美しい。ことに若い方の女性は非常に綺麗で、芳樹さんは思わず見惚れてしまった。

「交ぜてもらっていい?」と、年輩の女性が気さくな感じに話しかけてきた。

丑三つ時に女性が二人でこんな所で何をしているのか、と、誰もが不審に思ったはずだが、何しろ艶やかな浴衣姿の美女ではあるし……この中に彼女連れは二人しかいないわけで……。

「もちろん。どうぞ、どうぞ!」

「おねえさんたちも肝試しですか? 僕たち、これから一三区に行くんですよ!」

女性たちは顔を見合わせてクスクスと笑った。

「おねえさんだなんて、こんなオバサンをつかまえて……。私はこの子の母親なんですよ」

「私たち、すっかり道に迷ってしまって……。私と母のことも一三区に連れていってもらえませんか?」

「いいですよ! 大勢の方が楽しいし!」

やがて女の子たちが公衆トイレから出てきた。浴衣の母子を認めて目を丸くする。

そのとき、親子の娘の方が、「あの子は何?」と公衆トイレを指差した。

そこで全員がそちらを振り向くと、公衆トイレの前に植えられた木のそばに、大小の黒い影が佇んでいた――どちらも目鼻はないが人間の形をしており、みんなが注目した途端に、小さい方が〝おいでおいで〟とするように薄暗いところで手招きしはじめた。

一斉にウアァと叫んでロータリーの方へ逃げ戻った。徒競走でもするかのように一気に走って各々のバイクやスクーターに手を掛けたが、そこで、

「あれ？　おねえさんたちは？」

と、いつの間にか母子の姿が見えなくなっていることに気がついた。

「さっきまで一緒に走ってたよ」

「どっかで道を曲がったんじゃない？」

探しに戻るのも、さきほどの黒いオバケにまた遭ってしまったら……と思うと厭で、芳樹さんが「帰ろうよ」と言ったら、全員同意した。

「そうだね」

ところが、先頭を走りはじめた奴が、南門ではなく、正反対の墓地の中へ行くではないか。

「待てよ！」芳樹さんはすぐ後ろを追いかけながら何度も怒鳴ったが、ヘルメットを被っている上にエンジン音がうるさいせいか、聞こえないようだ。

前を行くバイクは後ろに女の子を乗せている。いったいどういうつもりだと芳樹さんは呆れていたが、そのうち、そいつが〝ひょうたん道路〟に入っていったので、本気で止めに掛った――このままでは霊園内の環状道路を回りつづけることが予想できたので。

加速して追い越し前に回り込む。と、強引なやり方だったが、停止させることに成功した。

すると、相手がヘルメットをかなぐり捨てて向かってきた。

「危ねえだろ、この野郎！」

「なんだよ！『危ねえだろ』じゃないだろ？　何やってんだよ、この野郎！」

――殴り合いになってしまった。

芳樹さんは、喧嘩をしながら不思議に感じていた。

こいつはいつもは、こんなに荒っぽい性格ではないのに、と。

彼は田村といって、歳は芳樹さんと同じ一六だった。外見は厳《いか》つくて少々ゴリラっぽかったが、日頃は気のいい奴なのだ。大人たちは田村を不良と呼ぶかもしれない。でも、警察のご厄介になったことはないし、彼女のことを大切にしていて、勤勉にアルバイトしてもいる。

――要するに、箇条書きにしたら芳樹さんと似たような少年なのだった。

戸惑いながら殴り合っていたが、間もなく仲間に取り押さえられて、なだめられた。

「もう行こうぜ」と〝先輩〟に促されて、今度は田村も道を間違わずに、南門から霊園を出た。しばらく連なって走り、途中のコンビニで休憩した。

めいめい飲み物や食べ物を買って、店先にたむろする。

「ねえ、さっきの女の人たち、やっぱり変じゃね？」

「だよね！　おかしいよね？」

女の子たちが、そんなことを言いはじめた。

「縁日でもないのに浴衣って、どうなの？」

「お祭がこの近くであったとしてもさぁ、夜中の二時過ぎだし、墓地の中だよ？」

「だよねぇ……。最初は、なんて言って近づいてきたわけ？」

そこで芳樹さんたちは思い出してみたわけだが。

「道に迷ってしまって、とか、言ってたよね？」

「いや、初めは、交ぜてって言ってきたんだよ。それから、自分たちは親子だと説明して、すっかり迷子になったとか言ったのは、その後だ」

女の子たちは揃って顔をしかめた。

「普通、丑三つ時に親子で墓地で道に迷う？　それに……消えたし！」

「おまけに……黒い人影を指差したのも、あのおねえさんだったし！」

――「言われてみれば超怖えぇッ！」と、なった。

その後、芳樹さんはコンビニのトイレに入った。

また仲間のところに戻ると、今しがた、止める間もなく、田村が自分のバイクで走り去ってしまったところだと教えられた。後ろに乗せていた彼女を置き去りにして行ったというので芳樹さんは義憤に駆られて、また腹が立ってきた。

「酷いな！　なんだ、あいつ！　まだ怒ってたのかよ！」

「もうしょうがねえよ。いいんじゃないの、放っておけば。勝手に拗ねてるだけだろう」

「先輩、でも、俺、ムカつくんだよ！　だって田村の奴、〝ひょうたん道路〟をグルグルしはじめちゃったんだよ？　止めるしかないって思うじゃない？」

「鈴木は悪くないよ。今夜の田村は少し変だよね。……いいから、早く帰ろう」

——結局、芳樹さんを含む男三人が〝先輩〟の部屋に泊まった。

翌日はアルバイトのシフトが入っていなかったから、芳樹さんは昼頃、起き出して、ポケベルで田村を呼び出そうとした。

謝罪しようと考えたのだ。……無理矢理、停車させた。田村は彼女を後ろに乗せていたから、プライドが傷ついたに違いない。自分も考えが足りなかった。田村がコケたら女の子に怪我をさせるところだった。

ところが田村から連絡が返ってこない。ポケベルを仲間にシカトされたのは初めてだ。そこまで憤らせてしまったのか、と、芳樹さんは深刻に受け留めた。

そこで田村の家を訪ねたのだが、インターフォンをいくら押しても反応がなかった。

仕方なく、他にやることもないので〝先輩〟の寮に戻ると仲間一人がまだいて、〝先輩〟が買ったファミコンの《ボンバーマンⅡ》で遊んでいた。

「よう、鈴木、お帰り。田村に会えた？」

「駄目だった。家に行ったけど、留守みたいで。……ボンバーマン、俺にもやらせて！」

しばらくゲームをしていたが、そのうち再び田村のことが話題に上った。

「コンビニから田村が帰っちゃったときのことだけど、ケツに誰か乗っけてたんだよ。女だったから、カノジョさんかなぁと思ってたら違ったじゃん？　誰を乗っけてったんだろう？」

芳樹さんはトイレに入っていたので、その場面は見ていない。

しかし仲間の二人は目撃していたとのことで、しきりに頭をひねっていた。

「女の子を乗せていたことは間違いないよ。置き去りにされた彼女が気の毒だった」

「もしもカノジョさんと仲違いしてたとしても、だよ。田村って、コンビニで見知らぬ女の子を器用にナンパできるような要領いい奴だっけ？　ていうか、あのときコンビニに女がいたかよ？　午前三時頃だぜ？」

「……浴衣のおねえさんは？」

「やめろ！　また怖くなっちゃうだろ！　ってか、田村のケツに乗ってた女は浴衣だった？」

「待って！　俺、あの子が何着てたか思い出せないんだけど！　なんで？　変だよね？」

二人の会話を聞いているうちに、芳樹さんも昨日感じた気味悪さがぶり返してきた。

「俺、夜になったら、もう一回、田村んちに行ってみるよ。コンビニから誰を乗せていったのか聞いてみたいし、それに、やっぱり謝っておきたいから」

夜八時ちょうどに、芳樹さんは再び田村の家のインターフォンを鳴らした。今度は田村のおかあさんの声が応じた。マイクに口を近づけて名乗ったら、微かに息を詰めたような間があって、スピーカーがブツッと切られた。

その直後、ドアを乱暴に開けて、玄関から中年の女性が飛び出してきた。目鼻立ちが田村に似ている。が、顔色が、夜目にも白すぎる。血の気がないのだ。

「おかあさんですか？　こんばんは。あの、僕……」

「それに乗ってきたのか！　帰れ！」

激しい口調で言葉を遮られて、芳樹さんは棒立ちになった。

「あんたのせいで、あの子はあんなことになったんだ！　とっとと帰れ！　おまえも事故で死ねばいい！」

「……え？　どういう意……」

「息子は死んだ！　それのせいで！」

突き刺すように芳樹さんのかたわらのスティードを指して、言う。

――田村が死んだ？　バイクのせいで？

「顔も見たくない！　二度とうちに来るな！　早く行け！　帰れ！　帰らないのか！」

母親が怒気を膨らませて門から出てこようとするのがわかり、芳樹さんは泡を食ってヘルメットを被るとバイクにまたがり、エンジンを掛けた。

「死んじまえ！」

般若の形相で迫ってくる。横ざまに摑み掛かられそうになり、すんでのところで発進した。かろうじて引っ掛けて転ばさずに済んだが、危ないところだった。ミラーに映った田村の母親はアスファルトに膝をついて、天を仰いで号泣していた。

葬儀に参列できるわけがなかった。線香をあげに行くことだってできやしない。芳樹さんは打ちのめされた気持ちで、田村と共通の知り合いで、バイク乗りではない人間を探しまわり、片っ端から連絡を試みた。

田村の墓が何処にあるのか知りたかったし、真相も、誰か知っているなら教えてほしいと思っていた。

努力が実って、田村の家を訪ねてから三日後、お通夜に呼ばれたという田村の友人から話を聞くことが叶った。

それによれば、田村は八柱霊園に行ったあの日、午前三時のコンビニから自宅とは逆の方向へバイクで疾駆して、数百メートル先の幹線道路に差し掛かると、猛スピードで反対車線に突っ込もうとした挙句、中央分離帯の縁石にぶち当たって跳ね上がり、全身を強く打って死んでしまったそうだ。

――芳樹さんは、田村が、霊園で門とは逆の方へ走っていって〝ひょうたん道路〟を回りだしたことを想起した。

そうだ。あのときから田村は死に取り憑かれていた。もしかすると、〝ひょうたん道路〟をガス欠になるまで回らせておけば、田村は死なずに済んだのかもしれない。

それから三年後、しばらく前から水商売の仕事を転々としていた芳樹さんは、その頃勤めていたキャバクラで、彼にとっては忌まわしいあの場所の名を久々に耳にした。

「この子、八柱霊園で肝試ししたら、彼氏が心筋梗塞で亡くなっちゃったんだって」

店の女の子同士がバックヤードで雑談しているところへ、たまたま通りかかったところ、声を掛けられたのだ。

「……亡くなった？　八柱霊園で？」

「ううん！　亡くなったのは何日かしてから。この子と彼氏と、その他二人、合わせて四人で彼氏の車に乗って真夜中に八柱霊園で肝試ししたら、こんな写真が撮れて、それから数日後に彼が死んだっていうんだから、おっかないよねぇ」

恋人が死んだという当の本人をよく見たら、メイクで隠してはいるものの、瞼が腫れぼったい。そう言えば、一週間ほど店を休んでいたな、と、思い出した。

「後部座席から、使い捨てカメラで撮ったんです。ほら、この写真……」

と、差し出された紙焼き写真を受け取った瞬間、痙攣《けいれん》じみた激しい震えが芳樹さんの全身を駆け抜けた。思わず写真を取り落とし、屈んで拾ったが、まだ動揺していた。

「気持ち悪い写真だ」

彼氏のお悔やみを言ってあげなければいけないと思うのに、口から飛び出したのはそんな台詞だった。

写真を突き返し、店長室に行って早退したいと告げた。店長の表情から、この仕事も潮時かな、と、思った。


——あの写真の女は……。


運転席の男に半ば被さるようにして、画面中央に真っ赤に染まった女の顔が写っていた。

その表情が、いつか見た田村の母親のようだった。

般若のお面みたいな、あの顔……。心の底から憤怒すると、女はみんなああいう顔になるんだろうか。

思えば、田村が死んだ季節がまた巡ってきていた。

廃駅の足音

一八歳の魚住吉晴さんは、普通自動車の免許を取得した。そこで、自分と同じく免許を取って日が浅い同級生の内藤を誘って、夏休みに碓氷峠《うすい》を訪れた。

峠道を安全運転で楽しみながら周辺の観光名所を巡るうちに、やがて夜になった。

碓氷峠の道、旧国道一八号線はヘアピンカーブが連続している。曲がりくねった道の途中に無料駐車場の標示と、《アプトの道　ガイドマップ》と銘打った案内板が立てられていた。

興味を惹かれ、路肩に停車して案内板をよく読むと、無料駐車場のすぐ近くに旧信越本線の《熊ノ平駅跡》という廃駅があることがわかった。

案内板のガイドマップにある散策路《アプトの道》を全行程踏破するのは往復で三時間半もかかるからまたの機会に回すとして、廃駅を見るだけなら簡単そうだ。

「もう夜だから肝試しみたいなもんだ。懐中電灯を持っていこう」

「今回は、ちょっと立ち寄ってみるだけにしよう」

そんなことを話し合いながら、駐車場に車を停めて案内標示の矢印に従って歩いていくと、たった二分で旧熊ノ平駅跡に到着した。

錆びたレールと標示柱があるのでそれとわかったが、ホームには屋根も駅舎もない。錆びた鉄路に沿って遊歩道が設けられている。これが《アプトの道》なのであろう。

「先の方にトンネルがある。行ってみよう」

内藤が指差す方を眺めたら真っ暗な口を開けた隧道があった。その手前に四角い建物が立っているが、窓ガラスは割れ、非常階段は錆びて傾き、廃墟であることが一目瞭然だ。

「内藤、俺、もう怖いよ。トンネルに入ったら、すぐ戻ろうね」

幸い、トンネルは短かった。入る前から向こう側が見えている。……急ぎ足で通り抜けた。トンネルを抜けても何があるわけでもなかった。錆びたレールと遊歩道が夜の奥へ続いているだけである。吉晴さんが「じゃあ、帰ろう」と促すと内藤も「うん」と従った。

そこで二人はトンネルを戻りはじめたのだが。

タッタッタッタッタッタッタッタッ……。

足音が後ろから駆けてきた。

声も出さず、一目散に駐車場に逃げ戻って、車に飛び乗った。大急ぎで車のドアを閉めた直後に、すぐそばの繁みがガサガサと大きく揺れ騒いだ。

――熊ノ平駅では一九五〇年に駅構内のトンネルで死者五〇名を出す大規模崩落事故が発生し、今も尚、犠牲者の地縛霊が隧道の周辺を彷徨《さまよ》っているという噂が……。

悲鳴の灯台

大阪の高校二年生、市村喬雄さんは、仲の良いクラスメイト六人と、夏休みに怪談会をする計画を立てた。会場は、和歌山市和歌浦の雑賀崎《さいかざき》灯台か、その周辺の海辺。せっかく休みのときに集まるのだから日頃はできないことをしようと全員の意見が一致し、隣の和歌山県まで遠征することになったのである。

雑賀崎灯台は一九六〇年に竣工した灯台で、水族館や美しい庭園、大型のホテルや旅館など観光客を惹きつけるものが当時は周囲にふんだんにあり、灯台を訪れる人も引きも切らず……だったそうなのだが……。

廃業しているのか廃業寸前なのか定かではない寂れた旅館や、明らかな廃墟が目立つ海辺の町は、夕焼けばかりが悲しいほどに美しかった。白い灯台が二段になった四角いバルコニー状の張り出しが目立つ独特の形状で、崖の頂上にそびえている。あれが雑賀崎灯台だ。

――あの灯台があった場所に、中世の頃には雑賀崎城ちゅう城があったんやて。ここ和歌浦は、かつては万葉集に詠われた景勝地で、昔は新婚旅行の人気スポットやった。大島、中ノ島、双子島、ほんで彼方に淡路島を望む白亜の灯台や。そこの港町はイタリアのアマルフィちゅうとこにそっくりや言われとった。ロープウェイや回転展望台もあったし、土産物屋やレストランが軒を並べとったんやって。みんなどこに去《い》んでしもうたんやろ――。

でも、鷹の巣と呼ばれる断崖絶壁と見事な海景色は健在で、喬雄さんたちは、壊れそうな階段を伝って海岸近くまで崖を下りて、危なっかしい散策を楽しんだ。そして平らな岩場を見つけると、車座になって順繰りに怖い話を披露しはじめた。

潮風が心地よく涼しい。

灯台の明かりがここまで届いているわけもなかろうが、懐中電灯はあるし、月も出ている。仄暗い岩場に腰をおろして語らうのは、初めのうち、とても愉快だった。大袈裟に怖がったり笑い転げたりするうちに、小一時間も経っただろうか……。

急に、灯台の方から甲高い女性の叫び声が聞こえてきた。

アア、とも、キャア、ともつかない怪鳥のような悲鳴が長く尾を引きながら、その声が、なぜかこちらに迫ってくる。

声はどんどん大きくなった。どうにも怖くなってきて、全員慌てて立ちあがり、競い合うように逃げはじめた。

すると、悲鳴がありえないほど近くなり、岩場に声が響き渡った、と、思ったら、海面に何か重さのある物が落ちてきたような音がした。

飛び降り自殺や殺人事件の可能性も考えたが、その後、そんなニュースは聞かなかったし、不思議な悲鳴の説明もつかないから、やはりあれは怪奇現象だったのだと喬雄さんは言う。

割れない窓

伊豆長岡芸能事業協同組合がインターネットで公開している資料によれば、現・静岡県伊豆の国市の長岡地区（旧・静岡県田方郡伊豆長岡町）は、一九〇七（明治四〇）年に掘削された温泉地で、初めて旅館ができたのは、一九一〇年、明治四三年のことだという。

大正時代から昭和の第二次大戦後にかけて、伊豆長岡では芸者置屋が数を増やした。最盛期には四〇〇人以上の芸妓がいたそうだが、二〇一八年の時点ではわずか一五人ほどしかおらず、今後も劇的に増える見込みは薄いと言われている。

一九六〇年生まれの望月勇さんが小学生だった一九七〇（昭和四〇）年代には、勇さんが記憶する限りでは三〇〇人ほどの芸者衆が長岡にいて、勇さんの母が経営する置屋も常に三、四人の芸妓を抱えて、うまく仕事を回していた。

そもそも勇さんの母も元は芸者だった。

戦後、一三歳で置屋に入り、一五で半玉《はんぎょく》、二〇歳前に一人前になり、二六歳で独立して長岡のど真ん中に土地を買ってステンドグラスの窓がある二階建ての屋敷を建て、置屋兼住まいとした。勇さんを生んだのは、置屋の〝おかあさん〟になって二年目のこと。

勇さんの父という人は某企業の社長だが、両親は籍を入れておらず、母がいわゆる〝二号さん〟であることは周知の事実だった。

勇さんはひとりっ子で、家には若い芸者たちと家政婦兼子守の〝ばあば〟が住み込んでいた。少々変わった境遇ではあったが、お陰で寂しい思いをすることはなかった。

また、勇さんが子ども時代を送った当時は子どもが多く、しかも七〇年代初頭の第二次ベビーブームに向けて年々赤ん坊の数が増えていった時期だったから、遊び友だちにも不自由しなかった。

ちょうどその頃、勇さんの家のすぐ裏手に一軒の大きな廃旅館があった。

今はそこにマンションが建っているそうだが、勇さんが生まれる前からなぜかずっと廃墟のまま放置されていた。敷地内に防空壕跡の洞穴があったので遅くとも戦前から営業していたようで、幾度となく建て増しを繰り返したような痕跡も敷地内に多く見られた。

伊豆長岡という土地は韮山の裾野にあって凹凸が多く、山国によくあるように温泉が湧くので、こういう、山を借景にした旅館が昔から多い。戦前は財界の傑物や粋な文人の隠れ宿が長岡に幾つかあったそうだ。

ここもそんな隠れ宿だったのかもしれない。大きな廃旅館と書いたが無粋な四角い建物を思い浮かべないでほしい。ひとつひとつの建物はむしろ小づくりで、本館、別館、離れなどに分かれて、紅葉や山桜を巧みに織り交ぜた半ば人造の雑木林や竹林の中に、渡り廊下や鉄筋コンクリート製の連絡通路で繫がれ点在していた。

傾斜地に建つせいか庭にも屋内にも階段が多く立体迷路のようだし、各施設跡は往時の名残を留めていて想像力を搔きたてた。こんな面白い場所を子どもたちが放っておくはずがなかった。高台にある本館最上階の展望大浴場跡、地下の連絡通路の壁に残るミニ水族館跡、大宴会場跡、食堂跡……すべて打ち捨てられていたが、それらは滅んでも尚、遊具や遊園地に代わるものとして子どもたちを魅了しつづけたのである。

実際、雨が降っても濡れることなく遊べるうえに、隠れんぼや缶蹴りにも適していた——迷宮じみた構造の建物と広大な敷地であるがゆえ、あまり真面目にやったら鬼になった奴が翌日まで鬼役を持ち越すはめになるので頃合いを見て捕まってやる必要があったが。

さらに、子どもたちにとって嬉しいことには、この廃旅館は高いトタンの塀で外界から完全に遮断されていた。敷地の中に入るには、塀の隙間を潜り抜けるか、隣接する民家の塀を乗り越える必要があった。隙間は一〇歳ぐらいの子どもまでしか通り抜けられないものだったし、大人が民家の塀によじ登れば警察に捕まる。

つまり、ここは地元の子どもたちだけの秘密基地であり、子どもの帝国なのだった。

勇さんは三、四歳の頃からこの場所に入り浸り、最後の頃にはボスとして君臨した。

そうなったことには彼の家庭事情も影響していたようだ。

勇さんの〝おかあさん〟は、置屋の芸妓たちからも〝おかあさん〟と呼ばれていた。経営者であるばかりでなく花街のフィクサーとして活躍しており、常に美しく装い、教養を高く保つ努力を怠らない〝おかあさん〟。家事は住み込みの〝ばあば〟が取り仕切り、父もきょうだいも祖父母もいないが、小粋な姐さんたちが入れ代わり立ち代わり同じ家に住んでいる。

――彼以外は全員が大人の女だ。

そういう家の子であったから、廃旅館の帝国はいっそう輝きを帯びていたのに違いない。

しかし何事にもいつかは終わりが訪れるのだ。


それは、三里塚闘争が死傷者を出すなどして、過激に燃え盛った時期のことだった。

成田国際空港の建設反対運動である、いわゆる三里塚闘争で建設反対派から初の死者が出た東山事件が起きたのは一九七七年五月八日のことだった。翌九日には報復と思しき派出所襲撃事件によって警官が殺されて闘争が激化、さまざまな衝突を繰り返しながら、翌年の管制塔襲撃事件や時限爆弾による京成スカイライナー放火事件に至っていく。

この頃、勇さんは高校生で、意識高く社会問題を見つめていた。一九七七年には高校二年生だった。反対同盟や過激派と、警察部隊や機動隊との衝突事件が〝戦況〟のように報道されていた当時である。勇さんは体制側と手段を選ばず戦う人々に一種のヒロイズムを見出していた。政治や思想を理解した上でのことではなく、弱者のために暴力を用いて戦うことに、シンプルな憧憬を抱いたのである。

闘争する人々が使う武器にも興味を持った。深い意味もなく、自分も何かひとつ武器を手に入れてみたいと思っていたところ、勇さんの目を惹いたのがアメリカ製の投石器《ファルコン》だった。

三里塚闘争がテレビ番組で取り上げられるようになると、過激派が強力なパチンコを武器として使用しているという噂が広まった。Y字型の棹《さお》にゴム紐を取り付けた玩具のパチンコと基本的な構造は同じだが、大型で厳つく、見るからに破壊力がありそうだ……。

これがアメリカ製のスリングショット《ファルコン》で、少年たちの憧れを誘ったわけである。すると、さっそく目ざとい大人が、少年雑誌の裏表紙に《ファルコン》の広告を載せて通信販売しはじめた。それを見た勇さんはいてもたってもいられなくなった。

——本来は狩猟に用いるための危険な武器。外国製。過激派が使用している。その辺の店屋では売られていないから、自分が手に入れようと思ったら通販で取り寄せるしか入手する手段がなく、しかも過激派が警察部隊に対して用いたために近く輸入が規制されると囁かれていた（二〇一九年現在、スリングショットは外為法で武器類として輸入が規制されている）。

そうしたことすべてが、一七歳の勇さんにはたまらない魅力だった。

だから、貯金をはたいて《ファルコン》を買ってしまったわけである。

注文から一週間ほどで品物が手もとに届いた。黒い鉄製のグリップが銃を思わせ、玩具のパチンコには平ゴムが用いられているが、これには代わりに太さが小指ぐらいある丸ゴムのバンドが付いていた。試しに引き絞ってみると、思いのほか抵抗が強く、腕力を要した。

日本語の使用説明書と直径一〇ミリ弱の鉛弾が付属していた。

こんなに強いゴムで思い切りこの弾を撃ったら、どうなるのか……。

すぐに試してみたくなり、裏の廃旅館へ行った。

木などを狙って試し撃ちしはじめたら、いくらも経たず、いつもここで顔を合わせる連中が四人ばかり現れ、たちまち勇さんが凶悪そうな得物を手にしていることに気がついた。

「あっ！　スゲェの持ってる！」「どうしたの、それ？」「おっ！　俺それ知ってる！」

勇さんは、だいぶ前からここでは最年長であり、半ば冗談ではあるが〝ボス〟と呼ばれていた。下は五歳ぐらいから上は中学生まで、全員、尊敬の眼差しで彼を見ている。

「買ったんだ。今日、届いたばかりで、何を撃ってみようかと思っていたところなんだよ」「いいなぁ！　貸して、貸して！」

「見てみる？」

子どもらは我も我もと手を伸ばしてきて、スリングショットのゴムを引いてみたり、撃つ真似をしたりした。

「うぉ……。硬ェ！　引けない！」「俺にもやらせて。……あ、俺も駄目かも」

「玩具じゃないから、力が必要なんだよ」

「ボス、何か撃ってみて！」「どんくらい飛ぶの？」

みんな興味津々である。説明書に書かれていた通りに「飛距離二〇〇メートルだ」と教えたのが火に油を注いで、「何か壊そう！」「壊して壊して！」と蜂の巣をつついたような大騒ぎになった。

実は勇さんも試射をしはじめた辺りから破壊衝動に抗いがたくなっていたから、先ほどから、どこで何を壊そうかと考えを巡らせていたところだった。

「……宴会場の連絡通路に窓がたくさん外されて積み上げられていたよな？」

「あったあった！　そこ行こう！」

山の頂上にみんなで〝宴会場〟と名づけた建物があり、その一階に続く連絡通路の出入口が、そこから二〇〇メートルほど坂を上った地面に穿たれていた。

連絡通路は幅が二メートル以上あり、出入口から入るとクランクや四、五段の階段が数ヶ所あって、迷路を歩いているかのような気分になるが、最終的には〝宴会場〟に辿りつく。

問題の「窓」は〝宴会場〟に入る手前の通路に置かれていた。

約四〇センチ四方の正方形の磨りガラスが、縦三枚、横二枚、嵌め込まれた木製の窓枠が

〝宴会場〟にあった窓の数だけ積まれていたのだが、いったい何枚あったのか……。

三〇枚以上あったのではないかと思われる。

これを宴会場側の壁際に立てかけておいて、一〇メートルほど離れたところから——。

ガッシャーン！

「やったぁ！　割れたぁ！」「俺もやりてぇ！」「俺、二番！」「俺、三番！」

「……もうちょっと待ってろ」

勇さんは《ファルコン》の破壊力に夢中になった。

ゴムバンドの中央に弾を置き、右手の親指と人差し指に力を籠めて挟む。

銃把《じゅうは》そっくりなグリップを握った左手を水平にしっかり伸ばし、右手を頬の横辺りまでギリギリと引きつけて、そして窓に向けて——。

パリーン！

香ばしい音を立ててガラスが砕け散る刹那の痛快。興奮と喜び。これは面白い！

「……右上の枠から時計回りにやるから見とけ」

ガシャン！　パリリーン！　ガッチャン！　ガッシャーン！　パリーン！

「スゲェ！」「やらせてよぉ！」

何枚か割った後に、弾と《ファルコン》を貸してやった。

「最後の窓は俺のために残しとけよ」

「わかったぁ！」

しばらくの間、子どもらは破壊行為に熱中していた。しかしながら《ファルコン》のゴムは子どもには硬すぎる。案外早く彼らは音を上げた。

「腕が痛ぇ」「疲れた」「もういい」「飽きたぁ」

「じゃあ、俺がフィナーレを飾るとしようか」と勇さんは立てかけた窓に向かい、《ファルコン》を構えて――。

ビシッ。

「えっ？　割れないね？　なんで？」「木のとこに当たった？」

「外したかも……」と、勇さんは戸惑いつつ二発目を構えた。先ほどより慎重に狙いを定めたのだが――。

バシッ。

ガラスが割れない。たしかにガラスの真ん中にあたったのに、罅《ひび》すら入らない。

みんな沈黙してしまった。ひとりが、今しがた撃ったばかりの窓に静かに近づいて弾を拾い、驚嘆の面持ちで勇さんに見せた。

「凄い。潰れてるよ」

見れば、その弾は球体の半ばまで見事に潰されていた。

半球に近い形になるまで叩き潰されているのを認めて、勇さんは背筋が凍った。

この弾は鉛製だから、確かに硬度は低い。しかしガラスに当たって、いや、百歩譲って木製の窓枠に当たったとしても、ここまで潰れることはないはずだ……。

「もう一回やってみる」

窓ガラスから二メートルの近さからガラスを狙って撃った。

ボツッ。

「……ボス、なんでこのガラス割れないの？　これだけなんで？」

「う……。あ、そうだ！　魚釣りの重りも鉛だよな？　あれも柔らかいじゃんか！」

「でも、今までの窓は同じ弾で割れてたよ？」

勇さんは「ちょっと待ってな」と、言い置いて、手頃な小石を探しにいった。

そして、元々は庭に敷き詰めていた玉砂利だと思われる黒の碁石に似た小石を見つけて、取って返して――。

ビシッ。

ガラスが割れない！　動揺しながら子どもらを見やると、みんな固まっていた。

もう泣きたかった。こんなバカな話があるか。《ファルコン》だぞ？　人を殺すこともできる本物の武器なんだぞ？

勇さんは《ファルコン》を投げ捨て、新たな得物を探した。手近にコンクリートブロックが落ちていた。

投げる寸前、小さな仲間たちと目を見交わした。みんな涙目で、しかし期待を籠めてうなずいてくれた。お願いだ。割れてくれ。コンクリートブロックを頭上高く振り上げて――。

ダッシャーン！

連絡通路に凄まじい音が反響した……が、割れなかった！

みんな一斉に悲鳴をあげた。勇さんも。

そして山を駆け下って各々の家に逃げ帰り、それからは、その廃旅館では遊ばなくなった。

このことをきっかけに、勇さんは小さな子どもたちの〝ボス〟の座から降りて、隣の美容院の奥さんと恋に落ちかけたり、高卒後の進路について悩んだりすることに忙しくなった。《ファルコン》はそれっきり仕舞いっぱなしになり、その後は二度と使わないまま、やがて手放してしまった。

そして一年半ほど後、彼が伊豆長岡を離れて都会に就職するのと同じ頃に、件の廃旅館が取り壊された。

その際、跡地から数多くの人骨が出土して近所に話題を提供したのだという。

それらの人骨は戦国時代のもので、昔ここは処刑場だったようだ……と、勇さんは最近帰郷した折に耳にして、一七歳のときのこの出来事を思い出したとのことだ。

玄の島

八重洲という地名は、東京駅で電車を乗り降りした経験がある人なら見聞きしたことがあると思う。東京駅には八重洲北口、八重洲中央口、八重洲南口という出入口や八重洲地下街というショッピングモールがあり、駅構内を歩けばそれらの案内表示を目にしないではいられないからだ。

しかしこの地名の由来となると、東京者にもあまり知られていない。

八重洲は〝耶揚子《やようす》〟の音韻を訛らせて当て字した造語で、耶揚子は、オランダの航海士「ヤン・ヨーステン・ファン・ローデンスティン（Jan Joosten van Lodensteijn）」の日本名である。

ヤン・ヨーステンは一六〇〇年（慶長五年）、帆船リーフデ号で航海長の三浦按針《あんじん》ことウィリアム・アダムス他二二名の船員と共に日本に漂着した。そして徳川家康に召しあげられ、江戸城のお堀端に屋敷を構えるようになったところ、そこが後に八代洲河岸と呼ばれるようになり、現在の八重洲という地名に転じていった。

――私は東京生まれの東京育ちなので、自分がよく知る場所である八重洲からヤン・ヨーステンが辿りついた土地へ、そして遥かな海へと思いを馳せることでロマンを掻きたてられる。だから東京駅から話を始めたのだが――ヤン・ヨーステンやウィリアム・アダムスを乗せた帆船が辿りついたのは、現在の大分県臼杵《うすき》市にある黒島という小島の沖合いで、実は、これから綴るお話は、この黒島が舞台なのである。


黒島は、臼杵湾の湾内北部にある周囲三キロの無人島だ。本土側の対岸から三〇〇メートルほどしか離れておらず、瀬渡し船で簡単に行き来できることから、昨今では夏の海水浴場やキャンプ地として人気がある。

水に磨かれた円《まど》かな小石と白砂からなる遠浅のビーチ「黒島海水浴場」は、ガラスのように澄み切った水が空の青さを見事に映し、環境省の快水浴場百選に選定されている。また、黒島では昔から塩分を含まない真水が採れる。そのためか植生が豊かで、きわめて狭い島でありながら瑞々しい緑に全島が覆われている。気候は温暖で、千鳥の群れが飛び交い、春夏は南国風の花が彩を添える。

明るく、楽園的な景観。しかし、そんな黒島からは、一二〇〇～一三〇〇年前に造られた古墳が五基も発見されているのだという。

これらは、古代、この地域で勢力を振るっていた海人部《あまべ》の墓だと考えられている。言うまでもないことだが、古墳には死者の遺体を葬る「玄室《げんしつ》」がある。黒島の古墳群は発掘調査がされておらず、一〇〇〇年以上の時を経た亡骸が今もそこに眠っているのだ。

——と、いうようなことを考えるたちではない陽気な地元の若者グループが、黒島でキャンプをすることにした。

一〇年以上前の出来事で、この体験談を提供してくれた石崎武夫さんは当時、高校生。現在は立派な社会人である。武夫さんが「時効だと思うので……」と前置きしながらインタビューに応えて曰く、そのとき武夫さんたちが黒島に行った目的は、飲酒と、それから「出来ればセックスも」ということだったそうだ。

高校の夏休み期間であり、男女が混交した七、八人の集団で瀬渡し船に乗り込んで、正午頃、黒島に渡った。

当初から泊りがけで遊び倒すつもりで行ったのだが、貧しい家の子ばかりで、観光客が利用する正規のキャンプ場に払う持ち合わせがない。そこで、人目につかない海辺の岩場を選んで、持参したテントを張った。

海水浴場や海の家から離れていて、シャワーやトイレが使えないのが難と言えば難だが、「海でやりゃいいちゃ！」てなもんである。

ラジカセを鳴らして、家からくすねてきたアルコール類を呑み、スナック菓子やファストフードの類を食べて、汗をかけば海で泳ぎ、夜遅くまで遊んだ。

数人が集まると、たいがい特に仲がいい者同士の二人組がいくつか出来るものだ。武夫さんの仲良しは龍二という同級生で、二人とも同じ臼杵市内のレストランでアルバイトしていた。あわよくば女の子と……という下心はどちらも抱いていたが、残念なことに、夜が更けるうちに二人ともあぶれてしまったことが明らかとなった。

「つまらんなぁ。俺は小便に行くけんど、おまえは？」

そう龍二に誘われて、武夫さんは彼とつるんでテントから離れた岩の後ろに行き、並んで一物を取り出した。

さて……と小便をしようとしたそのとき、龍二の隣に、怪しい光の玉が浮かんでいることに気がついた。

蛍光がかった緑色をして薄ぼんやりと光っており、人の頭ぐらいの球体の中に優しそうな老人の顔があって、武夫さんがギョッとして見つめた途端に、光の玉の中で顔が横に九〇度回転して、こちらを向いた。

「うわぁ！　出たぁ！　龍二、横ぅ見ちみぃ！」

龍二も魂消《たまげ》て悲鳴をあげたが、タイミングが悪く、光る老人の顔を見ても小便が止まらなかった。

「ど、ど、どんこんならーん！　しょうがねぇけん、かけちゃるちゃ！」

龍二は一物を握り直し、光の玉の下あたりをめがけて小便しだした。

「おまえもやれちゃ！　小便かけち、追い払うんや！」

こう言われて、武夫さんも龍二を真似て小便を放ちはじめた。

「うりゃ！　負けんど！　化け物あっち行け！」

すると、緑色に光る老人の表情が変わった。それまでは温和な顔をして静かに二人を見守るようすだったのが、眉間に剣呑な皺を立てたかと思ったら、たちまち憤怒の形相になったのだ。

しかも、球体の色も緑から赤に変化した。

武夫さんは震えあがったが、龍二はそれでもまだ強気で、「ガン飛ばしちょんのやねぇちゃ。バーカ！」と悪態をついて一物を振り回してみせた。

――先日、取材した折には「……まあ、アホでしたよね。俺たち」と武夫さんは私に話して苦笑した。今や共通語が板につき、田舎のやんちゃな少年の面影はほとんど無く、回想することを純粋に楽しまれているようすだった。

「酒が入って気が大きくなっていたし、女の子たちから相手にしてもらえなくてムシャクシャしてたから、騒ぐと気分が良かったんでしょうね。龍二の手前、気弱なところは見せられないと思って、虚勢を張っていた部分もあります。龍二も強がってたんじゃないかなぁ？」

武夫さんと龍二が小便を振り撒きながら罵倒するうち、光る老人の頭は暗い林の方へ飛び去っていった。見えなくなるまで二人は大声を張りあげて「化け物」を罵った。

その後、テントに戻って寝ようとしたのだが、他の連中が眠りはじめると、外の音や気配が気になりだした。なんだか、テントの周りを誰かが歩き回っているようなのだ。やがてはっきりと、砂を踏んで歩く足音が聞こえてきた。

気になって仕方がなかったが、肉体の疲労が勝って明け方には眠りに落ちた。

起きたときには、テントの周囲に怪しい人影はなく、足跡も残っていなかった。

テントを畳んで皆で再び瀬渡し船で黒島から引き揚げ、夕方、武夫さんは龍二と共にいつも通りにアルバイト先のレストランに行った。

二人は、このバイトをもう一年以上もやっていて、ホールも厨房も知りつくしており、ヘマや事故をやらかすことがなくなって久しかった。

ところがこの日に限って二人とも、ビール瓶を落として割ったり、スライサーで指を切り落としそうになったり、揃って次々に失敗をする。

なんだか変だと思っていたら、厨房の隅でしゃがんで休憩していた武夫さんに向かって、出刃包丁が飛んできた。足もとの床に包丁が突き刺さって「ビーン」と刃が震動するのを見て、武夫さんはゾッとした。

「死ぬるところだど！　誰が包丁ぅ投げたんや！」

皆が首を横に振った。龍二も青ざめている。幸い二人はじきに上がりの時刻だった。少し早めに帰らせてもらうことにして、揃って従業員口から外に出ようとしたら、上から屋根瓦が落ちてきた。もろに頭に当たっていたら命がなかったと思われたが、ギリギリのところで二人とも無事だった。

武夫さんは龍二と顔を見合わせた。

「昨日ん化け物のせいかなぁ。俺たち悪さしたけん、祟られたんや！」

「すぐ謝りに行かな、ヤバいことになるかんしれん！」

つまり、黒島で光る老人の頭の方に小便を掛けたり罵ったりしたから、呪われてしまったのだ——二人はそう考えたのだった。

そこで翌朝、武夫さんと龍二は身なりを整え、花束と線香を携えて、瀬渡し船で黒島を目指した。朝早くから高校生が夏休みだというのに制服のシャツを着て花束など持って島へ行こうとするので、船頭というか船長と呼ぶべきか、そのとき瀬渡し船の操縦を担当していたのは、たまたま二人とは顔見知りの地元のお爺さんだったそうだが——ともかく、その人が、

「おまえら何しに行くの?」と不審そうに彼らに訊ねた。

そこで武夫さんたちは、一昨日の夜からの一連の出来事を打ち明けた。

すると男性は、黒島の古墳の縁起を語り、不敬なことをするものではないと二人をいさめたほか、こんなことも話したのだという。

「潮ん流れんせいか、こん島には漂流船や水死体が流れ着きやしいようなんや。古墳の死体ぅ納めちある玄室の玄ちゅう字ぃは、クロとも読むんやと……」

これを聞いて武夫さんは震えあがってしまい、龍二もすっかり怯えたようすで、二人してしゅんとして、一昨夜立ち小便をしにいった岩場を訪ねて花を供え、線香を焚いて手を合わせ、霊なのか神なのか定かではないが、黒島に宿っているに違いない、何か超自然な存在に向かって、真剣に許しを乞うたのだという。

家と所縁

家と牢という字はよく似ている。屋根を冠せられる獣が、豕《ブタ》か牛かの違いしかない。

獣の種類が異なれば、屋根は護りにも檻にもなる。

そうしてみると、ひとつ屋根の下に暮らすということは恐ろしい。

護りなら好し。檻なら祟りさながら——家による所縁は呪いめいて逃れがたいのだから。

血により婚姻により人の縁により、家で繋がったが最後、何か、或いは何者かが、どこまでもあなたを追いかけてくるかもしれない。

家にいるのは人とは限らない。

蟲《むし》が棲み、猫が居つく。座敷童の例もある。

祖霊も地縛霊も憑いている、かもしれないし。

ピアノ

一九七九年生まれの野口秀成さんは一二歳のとき、初めて自分だけの部屋を持った。秀成も中学生になるんだから進学祝いに……と、両親は言っていたが、それまで秀成さんとの相部屋に甘んじていた兄もちょうどこの春から高校に上がるので、兄弟同時に個室を与えようという話だったのだろう。

秀成さんの一家は、かつて市長に任じていた祖父が建てた一〇〇坪の屋敷に住んでいて、部屋はむしろ余っていた。松竹梅を揃えた枯山水の庭園を望む一階は数寄屋風で、庭の隅に蹲踞《つくばい》を配して、ぐるりと縁側を廻らせてあり、部屋数は二階と離れの一室も合わせると一一室もある。息子たちを相部屋にしていたのは、掃除の手間を減らせるといった合理的な都合に因《よ》った。

祖父が市長だった時代には客人を迎えることが多い家だったが、秀成さんが一歳の頃に祖父はリタイアし、もうだいぶ前に亡くなって、その時分には、寡婦となった祖母、両親、兄、それから九つ下の妹と秀成さんが静かに生活を営むだけになっていた。

秀成さんが貰った部屋というのは、庭を望む一階にあり、祖父が市長だった頃には応接室として使っていた格天井《ごうてんじょう》の洋間だった――縦横に格縁《ごうぶち》を組んだ天井や縁側が和洋折衷の趣を醸す、本来はとても美しい部屋だ。

しかし、秀成さんが物心ついた頃には、ここは物置になっていた。そこを片づけて壁紙を貼り替え、勉強机と新しく買ったベッドを運び入れた次第だ。

「ピアノは、我慢してや」

模様替えの合間に、母は拝む手つきをして秀成さんに言った。

「おかあさんの嫁入り道具やってんけど、他に置き場がのうて」

「ここに置いといてええで。僕は気にしぃひん。場所も、そのままでかめへんよ」

――ガラクタを片づけたら、壁際からヤマハの黒いアップライトピアノが〝発掘〟されたのだった。応接室だった当時からそこに置かれていたということだが、秀成さんはほとんど見たこともなかった。母に言われて、幼児の頃の記憶をおぼろげに蘇らせた程度である。

「ベッドを縁側の方に置くことになるけど、それでええの？」

「ベッドならそれでええ。ベッドやちゅうことが大事や。蒲団卒業や！　やったぁ！」

秀成さんはそれまで二階の部屋で兄と蒲団を並べて寝ていて、前々からベッドが欲しいと思っていたのだ。そういうわけで、掃き出し窓のそばにベッドを置いて、対面の壁際にあったピアノは移動もさせずに、拭き清めただけで、そのままにした。

初日は夜一一時に寝た。掃き出し窓の雨戸を閉めて、灯りを消すと部屋は真っ暗になった。

――ピアノの音で目が覚めた。

ポロン……ポロポロポロン……。

メロディにはなっていない、拙い音が闇に五月雨《さみだ》る。鍵盤を幼い指が弄っている。

だが、寝る前に見たとき、ピアノの蓋は閉まっていたのだ。

ポロポロン……ポロロン……。

暗さに目が慣れてくると物の輪郭がおぼろげに見えてきた。

ピアノの前に人影はなかった。しかし音がしているのだから何者かが弾いているのだ。

秀成さんは怖くなり、蒲団を頭から被って胎児のように身体を丸めた。

――そしてそのまま眠ってしまった。

朝、起きたときには、ピアノの蓋は閉じていた。

これが六日も続いた。

七晩目にもなるとさすがに慣れて、怖さよりも、眠りを妨げられる迷惑の方を強く感じた。

そこで、またしてもピアノが鳴りだしたときに、オバケを叱りつけたのだった。

「うるさいな！　何時やと思ってんねん。静かにせいや！」

――怒鳴った途端に、ピアノの音がスイッチを切られたかのように止んだ。

それきり、ピアノは鳴らなくなった。

両親と兄と妹は二階で、祖母は離れで休む習慣で、真夜中のことでもあり、秀成さんの怒鳴り声や、一週間も続いたピアノの音を、家族は誰も聞かなかったようだった。

誰にも何も言われないので、やがて秀成さんは母に打ち明けた。自分の部屋に母を呼んで、ピアノを指し示しながら話したところ、

「おじいちゃんの妹さんちゃうか？」

と、思いがけない応えが返ってきた。

「隣の部屋に行こう。ええものを見せたるさかい」

その部屋の隣は一〇畳の和室で、仏壇があるから一応は仏間ということになるのだろうか。違い棚が付いた床の間と雪見障子を備えた風流な良い部屋で、正月に親戚が集まるところを使い、普段は客室として空けていた。そこの片隅に唐木の仏壇が床置きされているわけだが、母は秀成さんをその前に手招きして正座させた。そして厨子《ずし》の扉を開くと拝礼し、おもむろに見台《けんだい》から過去帳を取り出した。

「おじいちゃんの妹さんは子どもの頃に亡くなってん。ほら、見てみぃ。ここに書かれとるさかい」

《絃時妙聲童女 大正十二年七月 トキ 十三才》

墨書された名前も戒名も初めて目にするものだった。秀成さんは、その手帳に人の名前が記されていることすらこのときまで知らなかった。

「絃時妙聲童女ちゅう戒名には由来があって、このトキちゃんていう子は音楽が好きで、いっぺん聴いただけで曲を覚えてお琴や三味線が弾けてまう子やったんやって」

「天才やな。絶対音感」

「せやなあ。そやさかいピアノに興味を持ったんちゃうかしら。数えで一三ちゅうことは今の年齢やと一一か一二や。まだ小五か小六やなあ。かわいそうに……」

秀成さんは、トキちゃんは、この部屋が物置になっていた頃から、いや、もしかすると母が輿入れしてきた日から、ピアノを触りに出てきていたのかもしれないと思った。

「トキちゃんも、うちの家族やなあ。僕、怒鳴ったりして、悪いことしてもうたな」

「……この過去帳ちゅうものは、亡くなった人の霊魂が仮に宿る依代《よりしろ》やといわれてるんやで。トキちゃんは今はこれの中で眠っとるかもしれへんさかい、よう拝んでおきなはれ」

秀成さんは過去帳に向かって頭《こうべ》を垂れて手を合わせた。

——ごめんね、トキちゃん。

その夜ベッドに入る前に、秀成さんは、もういちどトキちゃんに語りかけた。

「僕ん方が年上やのに、大声で怒ったりして、かんにんな。もうせえへん。怖がらんと出ておいで。ピアノ、弾きたいんやろう」


しかしピアノがひとりでに鳴ることは二度となかった。

秀成さんは高校一年生のときに、兄が京都の大学に行くために家を離れたので、兄が使っていた二階の部屋に移った。

そしてピアノの部屋は、七歳になった妹が使うようになった。妹はピアノを習いはじめたところだったのでちょうどよかったのだ。母が調律師を呼んでピアノを直させた。

そこで秀成さんは妹にトキちゃんの話をしたのだが、妹は怖がりもせず、「不思議やね」と言ったきりで、その後も何事もなかったようだ。

やがて秀成さんの妹がピアノをやめてしまうと、ピアノは弾く者がないまま再び放置されることになった。

それからまた二〇年ほどの月日が流れた。

今から三年ほど前に、秀成さんの両親はピアノを業者に引き取ってもらった。

「ピアノをどけたら、床に窪んだ跡がついとった。ずっと同じ場所に置いとったさかいなあ」

電話で母からそう聞いていたので、実家を訪ねたときにピアノがあった場所を見てみたら、本当に四角く痕跡が残されていた。隣の部屋は以前と変わらなかったが、仏壇の過去帳に今は祖母の名前が書かれている。ここに来たときの習慣で、仏壇に手を合わせて目を瞑った。

すると、秀成さんの胸の中で、今は幻となったピアノがあの夜のようにポロロンと鳴った。

猫と蟲の話

猫の嫁いびり

史彦さんが生まれる前、父方の祖母は母に辛く当たった。だから一緒に暮らしていなかったのだが、やがて祖母が老人性の認知症に罹ると、人の好い両親は祖母を引き取った。するとたちまち嫁いびりが始まった。弱っても祖母は祖母のままだったのである。

祖母は毎日、母をちくちくと苛めた。しかし一年後、家人が目を離した隙に徘徊して転び、骨折して入院したら肺炎になり、あっけなく彼の世へ。

にわかに閑《ひま》になった母は、前々から飼いたいと思っていた猫を飼いはじめた。

ところがその猫が、母には懐かない。嚙んだり引っ掻いたりして触らせず、母を嫌っていることが明らかなのだった。

これは父には懐いた。そして一七歳で大往生を遂げた。

すると母はまた猫を飼いはじめた。今度こそ……という思いがあったのだ。

しかし次の猫も母を敵視した。この猫はまだ生きている。

念写トリガーでG発生

ホラー漫画家の鯛夢さんが九歳のときのこと――私が調べさせていただいたところ、それは一九七五年七月二四日の夜七時半から八時五五分の間に起きたことなのだが、ともかく、そのとき彼は両親と二つ年下の弟と一緒に、お茶の間でテレビを視聴していた。

明日以降、学校でも会社でも近所の井戸端会議でも話題になること間違いなしの、絶対に見逃せない番組が放送されていたのである――日本テレビ・木曜スペシャル《驚異の超能力実験！　ユリ・ゲラーは挑戦する！》。

七四年、深夜番組に出てオカルトマニアから注目されたユリ・ゲラーは、この年の三月から矢追純一が演出する木曜スペシャルに二度にわたって出演、全国に超能力ブームを巻き起こしていた。そして三度目の登場になる今夜の木曜スペシャルの目玉は〝公開念写実験〟。

首振り扇風機が風を送る六畳間で、鯛夢さんは念写の瞬間を今か今かと待っていた。かたわらで父もキャップを付けたカメラを構えて真剣な面持ちだ。ユリと同時にシャッターを切るつもりなのだ。司会の高島忠夫が『お茶の間の皆さんにも、今夜、奇跡が起きるかもしれません』などと盛り上げる。

いよいよ、ユリが気合とともにカメラのシャッターボタンを押した！

その瞬間、鯛夢家のお茶の間や台所の隙間という隙間から一斉に、ゴキブリが無数に湧き出して、またたく間に至るところを埋め尽くした。

両親はパニック、弟は泣き叫び、元々ゴキブリが苦手だった鯛夢さんは頭が真っ白になり硬直。軽く地獄絵図だったが、ゴキブリの大群は明るいところに出た途端にハッと我に返ったようすで、引き潮のように再び薄暗い隙間に逃げていき、すぐに姿が見えなくなった。

鯛夢さんは、この出来事がきっかけで、ただのゴキブリ嫌いから重度のゴキブリ恐怖症になると同時に、ゴキブリの臭いに敏感になってしまったのだという。彼によるとゴキブリには特有の臭いがあり、遠くからでも、たとえ眠っていても、嗅ぎ分けられるものだそうだ。

「川奈さんが少年時代の怖い体験談を募集していると聞いて真っ先に思い浮かべたのが、この〝念写トリガーでG発生〟事件でした。強烈な体験でしたよ……本当に恐ろしい……」

百足と白蛇

勝也さんは、東京五輪が開催された年に広島で四人きょうだいの長男として生まれた。一家は父の仕事の関係で引っ越しが多かった。父は徳島県出身、母は山口県出身で、真ん中の広島から結婚生活を始めたわけだが、その後、家族を増やしながら、岡山、沼津、浜松、千葉、大阪と各地を転々とした。

勝也さんが中学三年生の冬、家族で徳島の父の実家に行ってきた後ぐらいから、家の中で百足《むかで》を見かけるようになった。夕食の最中に父の膝に這いあがったり、掃除をしようと椅子を退けたら数匹が寄り集まっていたり……。現れる頻度が高くなってきて、毎日のように百足退治で大騒ぎになった。百足というのは見た目が気色悪いばかりでなく、刺されると酷く腫れて痛むのだ。

そんなある日の朝、勝也さんはベランダで真っ白な蛇と遭った。親指ほどの太さしかない小さな蛇だったが純白に輝く鱗が神々しく、出遭い頭に、きっかりと勝也さんの目を見据えた。そしておもむろにスルスルと逃げていった。

この後、一家は百足の家から引っ越した。そして勝也さんは府立高校に入学したのだが、部活動中にギックリ腰になったのを皮切りに、体調不良に悩まされるようになってしまった。

腰痛は高校一年生の三学期には治った。しかし二年生になると、今度は両腕や背中に発疹が出はじめた。赤くて細かい発疹が砂を撒いたようにサーッと現れて、これが酷く痒い。運動で汗を掻いても、暖房で温まっても出る。セーターが肌に触れてチクチクしても出る。

そのうち、少し興奮しただけで全身に発疹が出るようになった。

勝也さんは高校でサッカー部に入り、一年生のときから活躍していたのだが、身体を動かすたびに全身が凄まじい痒みに襲われるようになり、泣く泣く部活をあきらめた。

その後も発疹は酷くなる一方だった。病院で診てもらって痒み止めを処方してもらったが、少しも治らない。高校二年生の二学期頃からは、一〇円玉ほどもある大きな丘疹《きゅうしん》が身体を覆うように吹き出るようになった。

そしてある日、母や弟たちと炬燵《こたつ》に入っているときに、何か後ろで大きな物音がして――それ自体はよくある家鳴りだったと思うのだが――ドキッとした直後に丘疹が喉もとから上ってきて、みるみるうちに化け物のような顔になった。

居合わせた全員が悲鳴をあげる大騒ぎとなり、すぐに大きな病院を受診させられて飲み薬を貰った。が、効果がなかった。

そこで、勝也さんの母が実家に相談することを思いついた。

母の姉が子どもの頃に原因不明の胸の激痛に苦しむようになり、その原因が藁人形の呪いだとわかり、胸の痛みが治ったことがあったのだという。

なんでも、隣家の主婦が、自分の娘に比べて出来の良い母の姉を憎み、近くの神社に夜ごと通って、姉の名前を書いた藁人形に五寸釘を打ち込んでいたのだとか……。家人が後をつけて神社に行き、藁人形から釘を抜いたら、たちどころに胸の痛みが取れた――あのようなことが、また起きているのではないか、と、勝也さんの母は推理した次第だ。

また、このような出来事を経験したため、母の一家は信心深くなり、ことに母方の祖父は宗教的な知識を蓄えた。

この母方の祖父は、母から相談を受けるやすぐに、先祖の墓に何か障りが生じているのではないかと意見を述べて、さっそく山口県にある自分の家代々の墓を調べた。

するど、その墓には何も問題がなかった。では勝也さんの父方の墓はどうなっているのか検《あらた》めようということになったわけだが。

そういえば……と、このとき勝也さんと両親は、思い出すことになった。

百足騒ぎの直前に、家族全員で徳島県にある父の実家に行き、父方の先祖代々の墓を訪ねた際、墓石が崩れるなどして墓所が荒れ果てていたのに、適当に拝んだだけで、うっちゃらかして帰ってきてしまったのだ。

その墓は同じ徳島県内ではあっても、父の実家から遠く、交通の便が悪い所にあった。しかも霊園自体が廃れつつあって管理が行き届いていなかった。

勝也さんの両親は、父方の親戚たちにも呼び掛けて、件の墓を父の実家のすぐ裏に移した。改葬にあたっては出費を惜しまず、立派な墓所を造り、ご遺骨や墓誌などを納めた後、お坊さんを招いてお経を唱えてもらった。

その結果、勝也さんの肌は見事に完治した。

一〇年ほど前、彼の父が亡くなった折に墓参りしたところ、件の墓は今でも塵ひとつなく美しく祀られていた、という。

刀奇譚

群馬県の高校生、月山宗一さんは、幼い頃から時折、家に漂う暗い靄《もや》のようなものを感じていた。宗一さんが住んでいる棟は、祖父母がいる古い日本家屋で採光の悪い母屋ではなく、彼が四歳の頃に建て直したモダンな造りの離れの方であるのに、灰色の影が、部屋や廊下に垂れこめるときがある。それが宗一さんには明らかにわかるのに、他の家族に伝わらないもどかしさといったらなかった。祖父母、父方の叔母、両親と兄二人に姉一人、と、八人も一緒に暮らしているのである。しかし誰ひとりとして、彼が言うことに理解を示してはくれなかった。

煙のように漂う影を感じると、息苦しさを覚えた。また、その日の夜には金縛りにも遭った。

仰向けに寝ている自分の身体の上に、ぴったり同じ姿勢の人が乗っている感覚があり、動けなくなるのだ。大の字に寝ていれば大の字の人が覆いかぶさってくるし、横向きに寝ていれば横向きの人が重石のようにのしかかる。その重みや弾力が身体に伝わってくるのは、なんとも言えない不気味さだった。しばらく耐えていれば金縛りが解けて乗っているものも消えることがわかっていても、眠りに落ちるのが怖くなるほど、厭でたまらなかった。

――このままでは大人になれないのではないか。その前に死んでしまうのではないか。

不安と闘う毎日だったが、中学二年生のときに潮目が変わった。

ちょうど古武道に興味を抱きはじめた折だった。インターネットや雑誌などをチェックして古武道関連の情報を集めていたところ、とある古武道のイベントが東京で行われることを知った。するとなぜだか、万難を排してこれに参加しなければならない、と、にわかに思いつめてしまった。そこで宗一さんは両親を説得。父に伴われてその催しに参加が叶い、そして会場で、とある道場に運命を感じて仮入門したのである。

しかし件の道場は神奈川県にあり、彼の家から行くには電車を乗り継いで片道四時間もかかるので、高校に入学したら本格的に入門して通いなさいと両親は言い、道場の師匠からも「通えるようになるまでの間は独習で居合を稽古してみてはどうか」と勧められた。

「焦ることはない。スマホアプリで動画を撮って送ってくれたら指導もしてあげよう」

この申し出を宗一さんはありがたく受け留めた。クリスマスプレゼントとして両親に居合用の模擬刀を買ってもらい、刀が家に届く日を待ちわびた。

そしてとうとう家に刀が届くと、まずは鞘から抜いて手で持ってみた。

すると、手から始まって全身に力が漲《みなぎ》る感じを覚えた。それと同時に、そのときまで室内に充満していた仄暗い靄のようなものが掃《はら》われて、呼吸がしやすくなった。

昔から、刀剣には神徳が宿ると言い伝えられている。厄を祓い邪気を取り除くとされ、さまざまな儀式や行事に用いられてきた。居合用の模擬刀であっても、神秘的な力を宿しているのだろうか……。

その夜は、刀を自分の部屋の角に立て掛けておいて、ベッドから眺めながら寝た。これから稽古するのだと思うと胸が躍り、なかなか寝つけなかった。

——また金縛りだ、と、思いながら意識が覚めた。目が開かないが、仰向けになった身体の上に人が乗っているのがわかる。

と、思ったら、胸にドンと衝撃を受けた。

その途端に金縛りが解けた。目を開くと、部屋の角に立て掛けておいたはずの刀が鞘ごと、胸の上に乗っていた。

夢を見ているのだろうかと我と我が目を疑いつつ起きあがったが、刀は実際に身体に乗っており、やはりこれは現実なのだと思うしかなかった。

部屋の隅から二メートル以上離れたこのベッドまで、ひとりでに飛んできたということになる。

それ以降、宗一さんは金縛りに遭うことがなくなった。

また、こんなこともあった。

中学三年生のとき、急に高熱を発して学校から早退してきたら、頭の中で声がしたのだ。

「刀を枕もとに置け」

この命令に従ったところ、明くる日には全快してしまった。

スマホアプリを通じて師匠に指導を受けながら居合の独習を続けるうちに、体力がついてきた。受験勉強をする間もひとり稽古を休まなかったが、高校にも難なく合格できた。

高校生になると、すぐに入門して道場に通いはじめた。遠いけれど始発に乗って日曜日の稽古に参加するのが楽しみで、道場に行かない日にも鍛錬を欠かさない自分に誇りを持っている。

家に漂っていた暗い影のような靄も、刀を手にしてからは、一切、感じなくなった。

まあちゃん、行こっか

一九七二年生まれの有田誠さんは、子どもの頃、父方の祖父に可愛がられていた。滋賀県某市の誠さんの家から父方の祖父母の家までは、小学生でも楽に自転車で行ける距離。自転車を漕げるようになる前は、母に車で送迎してもらって頻繁に訪れた。

祖父は戦時中に臨時附属医学専門部が置かれた帝国大学七校の出身だから兵隊に取られなかった。戦後は開業医――いわゆる町医者として地域に貢献した人だ。誠さんの父は次男だが医師で、誠さんが祖父にとっては初孫だったから、特別に愛情を注がれたのだろう。

祖父母の家から徒歩一〇分のところに、当時はまだ珍しかったスーパーマーケットの大型店舗があり、祖父はその二階の玩具売り場によく連れていってくれた。

祖父は誠さんに甘く、好きな玩具を選ぶとたいがい買ってくれた。

単なる甘やかしを超えた、誠さんをダシにして、もういちど子ども時代を生き直したがっているかのようなところが、この祖父には垣間見られた――と、長じてから誠さんは思うようになった。

どこかいつまでも大人になり切れない祖父であった。たとえば彼は心霊写真が大好きで、よく心霊写真の本を虫眼鏡まで持ち出して熱心に見ていた。

ちょうど誠さんが生まれた前後から始まったオカルトブームの中で、心霊写真は長く人気を保ったジャンルだった。七〇年代……いや、八〇年代までは小学校の学級文庫にはほぼ必ず〝心霊写真本〟があったものだ。大人の鑑賞に耐えうる中岡俊哉の『恐怖の心霊写真集』（二見書房）を嚆矢《こうし》として、その後、各出版社が次々に〝心霊写真本〟を発売した。やや粗製乱造気味であったかもしれない。が、それほど大人気だったわけである。……子どもを中心として。

家に遊びに行くと、祖父は難しそうな蔵書に囲まれた書斎の机で、一心に心霊写真を観察しており、誠さんの姿を認めるや手招きして、「この写真の木のとこ、よう見てみぃ。顔があるやろ？　これがこの場所で死んだ自殺者の怨霊で、撮影した人はその後、交通事故に遭われて……」などと解説を始める次第だった。そこへおやつを運んでくる祖母は毎度呆れていたけれど、誠さんにとっては楽しい時間だった。

祖父は、誠さんが中学一年生のときに亡くなった。一学期がもうじき終わるという頃だった。そのしばらく前から、父が祖父母の家に通って治療を施していた。だからだいぶ具合が悪いのだろうとは思っていたが、実は心臓に深刻なトラブルを抱えており、どれほど治療しても長くはもたない状況だった、と、臨終の後で誠さんは父から聞かされた。

誠さんの喪失感は大きかった。祖母が独り残った家を訪ねて、亡き祖父の想い出を語り合った。祖母によると、祖父は病気で寝たきりになってから、不思議な夢を見るようになっていたそうだ。あるときは、寝ながら大きな声でうなされていたと思ったら、「ああびっくりした！」と叫んで飛び起きた。

そしてこんな話を祖母にしたのだという。

「広うて薄暗い部屋に閉じ込められとって、出口を探して壁沿いに歩いていくと、首無し人間に遭遇した。そいつは演歌歌手のようなスパンコールのタキシードを着て、自分の生首を抱えて立っとったんや」

また死の直前には、

「豪華客船に乗り遅れた夢を見てん。どないしても乗らんならんのに、出航してしまいそうなんや。船上から乗客が、桟橋で見送る人に色とりどりのカラーテープを投げとった」

と、祖母に話したのだが、祖父は目を覚ます前に「待ってくれぇ！　待ってくれぇ！」と大きな声で寝言を言っていたそうである。

「彼の世に渡っていく船やったんやろうか」と、祖母はしんみり呟いた。

祖父の家にあった有田家代々の仏壇は、長男の家に置かれることになった。誠さんの父は次男なので家の仏壇は継承せず、位牌を祀り手の数に準じて作る〝位牌分け〟が行われた。

ちょうどその頃、誠さんの家は、父が個人病院を開院するにあたって転居した。

新しい家では祖父の位牌だけ祀って、線香なども焚かなかった。

それなのに、なぜか、家中の至るところに線香の匂いが漂うようになった。

それは祖父の葬儀から日がいくら経っても止まず、誠さんだけでなく、家族全員が嗅いだのである。そのうち、母が匂いの水脈を辿ると必ず誠さんに行きつくことを発見した。

誠さんが通りすぎた後に、線香の匂いが立っていたのだ。

「おじいちゃん、誠に憑いとるんちゃうん？」と、母は誠さんに言った。

奇妙なことは線香の件の他にもあった。

葬儀から二、三日経った夕食後、家族でテレビを見ていると、二階を歩き回る足音がした。

「誠、ちょっと見てこい」と父に命令されたので、当時九歳の弟を連れて二階に行ってみたのだが、どの部屋にも誰もいなかった。

また、祖父の死の前後から、誠さんは、ほぼ毎晩、金縛りに遭うようになった。

全身にピリピリとした軽い痺れが走ると、身体が動かせなくなり、金縛りだとわかる。電気に感電したかのような皮膚の刺激を伴うため、どうしたって目が覚めてしまう。

睡眠不足のせいか偏頭痛がするようになり、おまけに左目がチカチカしてノートや黒板の字が見えづらくなった。お陰で成績がガタ落ちしてしまった。

その日も、金縛りになった。

誠さんの寝室は二階にあるのだが、深夜、寝付けないままにベッドに横たわっていたところ、一階からガチャガチャという音が聞こえてきた。食器がぶつかり合って鳴っているようだと想像したが、その音が次第に激しくなる。ガッチャンガッチャン、と、これでは割れてしまうと心配になるほど音が高まった……と、思ったら唐突に止んで、途端にバスンと動けなくなった。

それと同時に、家の階段のいちばん下の段に、和服を着た男が足を掛けている像が頭の中に浮かんだ。男は裸足で、昔の人が普段着として着ていたような古い紬《つむぎ》か何かをややだらしなく着て、首をうなだれている。

初めは祖父かと思ったが、祖父ではないようだ。

やがて、その男は階段を上りはじめた。ここは最新工法で建てられた新築の家で、建材が軋む音など耳にしたことがなかったのに、男の一足ごとにギイギイと階段が悲鳴をあげた。

なぜか、裸足の足の裏が床板から離れるときに立てる、ネチッという粘っこい音まで聞こえた。……ネチッ……ギイ……ネチッ……ギイ……ネチッ……ギイ……。

二階に着くと男は誠さんの部屋を目指して廊下を歩いてきた。ドアの前で立ち止まる。金縛りでも眼球だけは動かせた。ドアノブが動くのが見えた。

——ごめんなさい！　ごめんなさい！

何も悪いことはしていないのだが、男に立ち去ってもらいたい一心で、誠さんは頭の中で繰り返し謝った。

すると、ドアノブの動きが止まり、男のイメージが消えて、金縛りも解けた。

それから何日かして、今度は、食器ではなく、二階の洗面所から聞こえてきたピチャンピチャンという水音を合図に金縛りになり、また同じ男が階段を上って寝室のドアの前に立った。このときも謝罪の念を必死で送ったところ、消えた。

それからまた二日ほどして、真夜中に一階の雨戸が鳴った。ガタガタと激しく鳴り騒ぐので目が覚めたが、金縛りにはならなかった。

男の姿が頭に浮かぶこともなく、足音なども聞こえなかった。

なんだろうと思っていたら、これは本当の生きた人間で、泥棒であった。

一階には、父が開いた内科クリニックがあった。その夜は給料日の前日で、当時は従業員の給料は現金で手渡ししていた。給料日が外部に漏れていて、コソ泥に狙われたようだ。

結局、犯人は捕まらなかった。

祖父の死の翌月、八月一二日に、日本航空123便が御巣鷹山に墜落した。

いわゆる〝御巣鷹山の飛行機事故〟として人々の記憶に刻まれることになった《日本航空123便墜落事故》が起きたのだ。東京・羽田発／大阪・伊丹行のボーイング社ジャンボジェットが後部圧力隔壁の破損が原因で操縦システムを喪失した結果、群馬県多野郡上野村の高天原山（通称：御巣鷹山）の尾根に墜落。乗員乗客合わせて五二〇名が死亡した航空事故だった。

一三歳の誠さんは、テレビのニュース番組で報じられる御巣鷹山の惨状を見て、

「あの事故で亡《の》うなった人々は、どないな思いで最期を迎えたんやろう」

と、考えはじめたら止まらなくなってしまった。深夜二時を過ぎても一向に眠気が訪れず、窓のカーテンを開けて夜空を眺めていたところ、その空に黒い觔斗雲《きんとうん》のようなものが現れた。

暗い夜空に尚、漆黒に浮かびあがる怪しい雲。それが、ピューッとこの家を目がけて駆け下りてくるや否や、窓枠と壁との隙間から侵入して、ベッドの足もとに着地した。

途端に、金縛りになった。

いつもよりビリビリとした痺れが強烈で全身が痛い。激痛をこらえて周囲を見まわすと、室内が青い光に満たされており、勉強机を置いた方の壁を青白い風船のようなものが埋め尽くしていた。五〇個ほどもあり、全部、微かに揺れている。

よく見れば、それらは風船ではなく、人間の顔……デスマスクのようだった。

ややあって、壁の真ん中辺りにあった顔がひとつ、ゆらり、と、前方に飛んできた。

その顔の周りにあった顔も幾つか付き従って壁から離れ、前に出た。

最初の顔は、誠さんのそばまで飛んでくるとカッと目を見開いた。そして憤怒の表情で彼を見下ろして叱りつけた。

「お前に何がわかる！」

大勢が同時に発しているような、異様に深く響く声だった。

またいつものように「ごめんなさい」と必死で念じたら、金縛りが解けて、こうした像も消えた。


九月に入った。祖父が死んだ夏が終わろうとしていた。

その夜、誠さんは夢で祖父に再会した。

「まあちゃん、行こっか」

この夢の中では誠さんは五歳なのだった。幼い頃の愛称で祖父に呼ばれ、手を繋いで散歩がてらに、いつも祖父と訪れていた大きなスーパーマーケットに行った。

祖父は上機嫌で鼻歌をうたっていた。二階の玩具売り場へ向かってエスカレーターに乗るとき、祖父は「よっこらしょ」と、わざと大声で言って誠さんを笑わせた。

ほどなく、懐かしい玩具売り場に着いた。こんなに薄暗い所だったか、と、驚いた。

「なんでも買うてやる」

いつもの祖父だ。そう感じたが、誠さんは、その瞬間に一三の自分に戻った。

実際には、件の玩具売り場からは足が遠のいていた。中学生の誠さんが欲しいと思うものは、もうそこにはなかったからだ。

でも、夢の中では違った。喉から手が出るほど欲しい品物が棚に溢れていた。

思わず商品棚に目を惹きつけられたが、誠さんは、そこでふと考えた。

彼は、中学進学と同時にお小遣いを貰えるようになっていたのだ。

「よう考えて大事に使いなはれ」と両親に説かれ、これからは計画を立てて自分のお金で欲しいものを買おうと……。

「どないした？　なんでも買ぉたるから、好きなものを選んで持っておいで」

祖父は誠さんを優しく急かした。

何年か前、幼かったときに、同じことを言われたような気がした。「まあちゃん、どないした？　好きなものを持っておいで」と。

「僕、もうお小遣いもろてるんや。お小遣いを貯めて買うから、今は我慢する」

誠さんがこう言うと、祖父はたいそう嬉しさと寂しさが入り混じった複雑な表情になった。

そして、しばらくして「ああ、そうか」と、腑に落ちた感じで呟いた。

「うん」と誠さんは胸を張った。誇らしいと同時に、切なくて張り裂けそうな胸でもあった。

すると、その途端、混じりけのない清く眩い光明が祖父の背後に顕《あらわ》れた。

光背の前にいるせいか、祖父は黒い影になり、もう顔が見分けられない。

「まあちゃん、わし、ぼちぼち逝かなあかんなあ」

誠さんは返事をすることができなかった。「そうや」と応えたら、おじいちゃんは今度こそ本当に逝ってしまうのだろう……。

やがて、黒いお地蔵さんのようになった祖父の後ろに蓮のうてなに乗った仏さまたちが幾人も現れて、曼荼羅を形づくった。

すると祖父は光背を輝かせながら小さく縮みはじめ、お終いには光る砂粒のようになり、曼荼羅の中へ溶け込むように消えていった。

祖父の光が消えるのと同時に、目が覚めた。

時計を見たら午前二時で、日付が変わっていた。今日が祖父の四十九日であることに、誠さんは気がついた。

祖母をすくう

私の夫の体験談

余寒の霜柱を踏んでやってきた警官は、母が淹れたほうじ茶をふうふうと吹き冷まして、ひと口啜った。

「美味しいですね」

「すみません。緑茶じゃのうて」

「こっちの方がいいです。今日は冷えますから」

「そうですよね。えろう、ご足労いただいて……」

「任務ですから」

冷えたと言う割に、玄関に入ったときには警官は官給の中綿入りコートを脱いで、律儀に四角く畳んで持っていた。今は紺サージの上着も脱いでしまって、シャツの袖を肘近くまで捲りあげている。腕は毛深く、太さがノリマサの腕の倍もあった。警官だから柔道や何かで鍛えているのだろう。

母が自分の湯呑を持って、隣の椅子に腰かけた。

すると警官が握っていたボールペンを持ち直して、労う表情でこちらを向いた。

「受験シーズンなのに大変でしたね。試験は大丈夫だった？」

第一志望の某大法学部含め、主だったところは受け終えている。ふと、まだあれから一週間しか経っていないのだと思い至り、その事実にノリマサは軽く驚いた。

すでにひと月も経ったような心地がしていた。

「では、事情聴取を始めます。……固くならなくていいからね。一人称で書くきまりだから、〝僕は〟で、自然に話してください。順を追ってね」

《僕は高井ノリマサ。昭和三九年三月二八日生まれ、一八歳です。県立高校を卒業して、現在は大学浪人中です。

高校一年生のとき、ここ、横浜の家に父方の祖母とやってきました。それまで僕と祖母は、僕が小学五年生のときから二人で大阪に住んでいました。この家では、両親と、中学二年生の弟と、祖母と一緒に暮らしています。

昭和五八年の二月一四日、月曜日の夜。翌一五日に、第一志望の某大法学部の入学試験を控えて、僕は二階の八畳間で勉強していました。階段を上ってすぐ目の前の部屋で、弟と一緒に使っています。そのとき弟は二段ベッドの上の段で横になって休んでいました。まだ眠っていないようで、本か漫画を読んでいたんじゃないかと思います。

母は、いつものように夕方から自分の店に出勤しました。母は川崎市でスナックを経営していて、帰宅は毎晩、深夜零時過ぎになります。父は勤務している会社の仕事が終わった後、麻雀をしに行ったんじゃないかと思います。父は自家用車で通勤していて、母の店が閉店する頃まで外で時間を潰して、それから母を車で迎えにいく習慣なので……。

ですから一四日の夜も、いつもと同じように、家にいたのは、祖母と弟と僕の三人だけでした。夕方六時頃に、母が作り置きしておいてくれた夕食を三人で食べて、その後、僕は二階の子ども部屋で勉強しはじめ、弟も入浴した後、部屋に来ました。

急に石油ストーブの石油の減りが気になりはじめたのは、夜の九時半頃のことです》

——ノリマサは、勉強をしていて、ふと石油ストーブの石油の減りが気になった。

それはそのときも彼の後ろで赤々と火を灯していた。すでに三時間ばかり勉強机で参考書を読み返していて、あと一時間ぐらいしたら風呂に入ってベッドに横になろうと考えていた。

ここは一戸建ての家の二階で、石油缶は一階の玄関の三和土《たたき》にある。

玄関は階段を下りて右側、風呂は左側だから、風呂に入るついでに石油を足すのが合理的で、今やる必要はないわけだ。

けれども、なぜか急に石油ストーブのタンクに石油を満たしておきたくなった。気になって勉強が手につかない。

弟を使うことも思いついたが、二段ベッドの上を覗き込むと、もう寝息を立てていた。そう言えば、夕食のとき、今日は部活があってくたびれたとこぼしていたっけ……。

ストーブから石油タンクを外して手に提げ、部屋のドアを開けてみたら、家の中は深閑と静まり返っていた。

すでに祖母も寝ているのだろう。祖母は明治四〇年生まれの七六歳。近頃は、やけに早く床に就く。去年までは、母がスナックから帰るまで目を覚ましていることもあったのに。

ノリマサは石油タンクを持って一階に下りた。玄関で石油タンクに石油を入れて、重くなったタンクを提げて階段の方へ廊下を戻りかける——と、階段の登り口の向こうに、ピンク色のスリッパが見えた。

祖母のスリッパだ。

さっきは気がつかなかった。階段の左側に杉戸があり、そこを開けると洗面台や洗濯機がある脱衣場で、脱衣場の奥に浴室があるのだ。入浴するとき、祖母が杉戸の前でスリッパを脱ぐ習慣であることは知っていた。

スリッパは、閉じた杉戸の前に、爪先を廊下側に向けて、きちんと揃えて置かれている。

……と、いうことは、今、祖母は風呂に入っているのだろうか？

しかし水音が少しもしない。また、祖母はいつも八時前に入浴を済ませる習慣だ。

ノリマサは階段の下に石油タンクを置いて、杉戸を開けてみた。

脱衣場の明かりが廊下にこぼれた。浴室の曇りガラスも奥で明るんでいる。

「ばあちゃん？」

呼びかけたが返事はない。

「ばあちゃん、風呂か？　大丈夫かい？」

浴室の戸を開けると、ひんやりとした空気が全身を包んだ。ガス給湯器のランプは消えており、見るからに冷え切った湯を湛えた浴槽に、丸い背を浮かべて、祖母がうつぶせに浮いていた。

慌てて引き揚げようとしたが、裸の祖母の両脇に手を入れた瞬間、膝が笑って足もとが滑り、尻もちをついてしまった。

その拍子に、持ち上げかけた祖母の体を、浴槽の中に取り落とした。

……コン！

ヤカンを叩いたような、軽快な音が鼓膜を打った。

祖母の体が水の上を筏《いかだ》のように滑り、頭が浴槽の縁に当たった。その音だ、と、わかった途端、ノリマサは祖母が死んだことを本当に理解した――

《僕はそれからもう一度、祖母の脇に両手を入れて、後ろから抱えあげました。もう息をしていないことはわかっていましたが、顔を浴槽の水に浸けたままにしておいたら、祖母がかわいそうだと思ったので……。

祖母をすくいあげると、僕は大声で弟を呼びました。二階の部屋のドアを開けっぱなしで来たので、きっと聞こえるはずでした。二度ぐらい名前を呼んだら、弟が階段を駆け降りて、風呂場に来たので、救急車を呼んで、母のスナックに電話をするようにと言いました。

弟が慌てて一一九番して、次に母の店に電話をかけているのが聞こえました。

電話の後、弟は「救急車を誘導しなくちゃいけないから」と言って外に出ていきました。

救急車がサイレンを鳴らして到着したのが、僕が祖母を見つけてから一五分ぐらい後……たぶん一〇時頃だと思います》

警官は、ノリマサの話を聞き終わると、解せない顔をした。

「一点だけ、わからないことがあります。どうして石油の減りが突然、気になったのかな？　本当はそうではなくて、別の用事で一階に行って、異変に気づいたのでは？」

「そういうことはありませんでした。祖母は、死んだことを僕に知らせたかったんだと思います。いわゆる虫の知らせです。……そう言えば、祖母は死ぬ一週間ぐらい前に、『もうじき、じいちゃんが迎えに来るかもしれない』と言って仏壇に手を合わせていました。あれも虫が知らせたんですね、きっと」

警官はボールペンのキャップを閉じた。「こういう事情聴取は便宜的なものですから。ご協力に感謝します」と、母とノリマサを交互に見ながら言った。

そして、ほうじ茶の残りを飲み干すと、シャツの袖を直しながら、「お線香をあげさせていただけますか?」と、母に問うた。

「恐縮です。こちらです。ノリマサも、ちょっと来なさい」

三人で仏間に行き、仏壇に向かって手を合わせた。


——実の母が家を出ていったとき二歳だったノリマサを、死ぬまで依怙贔屓しつづけた祖母だった。一〇歳からの五年間は、祖母と二人だけで暮らした。

「ノリマサは、じいちゃんの生まれ変わりや」と、祖母は常々言っていた。

祖父は鉄道機関車の設計技師だったが、終戦の年に四〇幾つかで急病死した。祖母には五人の子があったけれど、長男は若死にし、長女はとても若いうちに嫁ぎ、素行に問題があった次男とは絶縁した。結局、晩年まで付き合いがあったのは、末っ子のノリマサの父と次女だけで、しかもその二人とも祖母は上手くやっていくことができず、亡夫をいつまでも惜しみ、孫のノリマサばかり可愛がったというわけである。

ノリマサは「だから、ばあちゃんは僕に見つけてもらいたかったんや」と、信じているし、彼の知る限りでは、祖母にとってはたとえ死んだ後であろうとも霊能力を用いて彼を呼び寄せるぐらいのことは朝飯前のはずなのだった。

彼が少年の頃、祖母はよく幽霊を視ており、呪いをかけてきた相手を霊能力で返り討ちにしたこともあった。

二階を人に賃貸したところ、借り手である謎めいた三人の女たちが〝当主〟と呼んでいる老人が祖母を夢の中で焼き殺そうとしてきたので、「じいちゃん助けて！」と祖母が祈ったら、夢で燃え盛っていた火が消えると同時に〝当主〟の心臓が止まったのだ。闘いは夢の内で行われたのに、現実に人が死に、敵を斃《たお》す手助けをしたのは祖父の霊……。

あのとき、夢から覚めた祖母の手には、仏壇に供えられていた蜜柑がなぜか握られていた。

死の一週間前の深夜にも、仏壇の前に籠盛りの蜜柑があったことをノリマサは思い出した。

風呂に入るために一階に下りたら、廊下の突き当たりで小さな灯りが揺れていた。

何かと思えば、そこにある仏間の戸を開けたまま、祖母が蠟燭に火を灯して、仏壇に供えようとしていたのだ。そして、ノリマサが見ていることに気づくと、「もうじき、じいちゃんが迎えに来るかもしれない。寝ていたら、じいちゃんが来た気配がして、急に身体が冷たくなった」と、穏やかな表情で打ち明けたのだった。

——私は、夫・高井ノリマサの父方の祖母にまつわる怪異について、すでにいくつか書いたことがある。今回はこれまでに著した話をなぞらないように気をつけたが、〝当主〟と謎の女たちが登場する体験談は拙著『実話怪談　穢死』（竹書房）の「祖母の力」で既出だ。

　ちなみにノリマサは祖母の逝去翌日に受験した第一志望の大学に合格した。しかし事情聴取に先立って行われた葬式は、受験日と重なっていたため、出ることができなかったそうだ。

本書に所収の「五月の包帯」「玄の島」については、TABLO「川奈まり子の奇譚蒐集」（https://tablo.jp/）に掲載されたものを、また「女」「僕の左に」については、TOCANA「情ノ奇譚」（https://tocana.jp/）に掲載されたものを、それぞれ大幅に加筆修正した。

川奈まり子《かわな・まりこ》

東京都生まれ。女子美術短期大学卒業後、出版社デザイン室勤務、フリーライターを経て、山村正夫記念小説講座で小説を学び、二〇一一年、『義母の艶香』（双葉文庫）で小説家デビュー。単著に『赤い地獄』（廣済堂出版）、『実話怪談　出没地帯』『実話怪談　でる場所』（河出書房新社）、『実話怪談　穢死』『実話奇譚　呪情』『実話奇譚　夜葬』『実話奇譚　奈落』『一〇八怪談　夜叉』（竹書房）、『迷家奇譚』（晶文社）、共著に『嫐　怪談実話二人衆』『現代怪談　地獄めぐり』（竹書房）、『女之怪談―実話系ホラーアンソロジー』（角川春樹事務所）など、怪談の著書多数。
TABLO(http://tablo.jp/)とTOCANA(http://tocana.jp/)で実話奇譚を連載中。日本推理作家協会会員。

少年奇譚《しょうねんきたん》　二〇一九年七月二五日　初版

著　者　川奈まり子
発行者　株式会社晶文社
東京都千代田区神田神保町一-一一　〒一〇一-〇〇五一
電話　〇三-三五一八-四九四〇（代表）・四九四二（編集）
URL　http://www.shobunsha.co.jp
印刷・製本　中央精版印刷株式会社

好評発売中！

迷家奇譚　川奈まり子
人々は不意に怪異を語りだす。奇譚に埋め込まれ、漂っている記憶とは。〈時間〉〈場所〉〈ひと〉を重ね合わせる「透視図法」により、そこに眠る深層／心象／真相を掘り起こす。驚愕の実話オカルトルポ。東雅夫氏（アンソロジスト・文芸評論家）推薦！

レンタルなんもしない人のなんもしなかった話　レンタルなんもしない人
「ごく簡単な受け答え以外、できかねます」twitter発、驚きのサービスの日々。本当になんもしてないのに、次々に起こるちょっと不思議でこころ温まるエピソードの数々。サービス開始からテレビ出演に至るまでの半年間の出来事を時系列で紹介。**大好評第4刷！**

呪いの言葉の解きかた　上西充子
「勇気が湧いた」「何が問題か良くわかった」「元気になる」など賛同の声続々。政権の欺瞞から日常のハラスメント問題まで、隠された「呪いの言葉」を「ご飯論法」でも大注目の著者が「あっ、そうか！」になるまで徹底的に解く！　**発売後たちまち第3刷！**

日本の異国　室橋裕和
高野秀行氏（作家）推薦！「ディープなアジアは日本にあった。「この在日外国人コミュがすごい！」のオンパレード。読んだら絶対に行きたくなる！」。もはや移民大国となった「日本の中の外国」の日々を切り取る、異文化ルポルタージュ。**好評重版！**

樹海考　村田らむ
「青木ヶ原樹海」——通称「樹海」は自殺の名所としてホラー・怪談好きには超有名スポット。また、You tubeの動画拡散事件による騒動も起き、「自殺」「死」とつながる禍々しい印象だけが独り歩きしている感がある。畏怖と興味の対象を超える現実の樹海とは。**好評重版！**

書くための勇気　川崎昌平
小論文、レポート、論述問題から、企画書、書籍やラノベの執筆まで、あらゆる文章作成の芯に効く！　編集者／作家／漫画家として「相手に伝わる言葉」を模索し続ける著者が長年の蓄積から、本当に必要な86のテクニックを厳選し、一挙公開。

「地図感覚」から都市を読み解く　今和泉隆行
方向音痴でないあの人は、地図から何を読み取っているのか。タモリ倶楽部、アウト×デラックス等でもおなじみ、実在しない架空の都市の地図（空想地図）を描き続ける鬼才「地理人」が、誰もが地図を感覚的に把握できる技術をわかりやすく紹介。**好評3刷！**